# 선생님! 말로 하세요

# 선생님! 말로 하세요

| | |
|---|---|
| 발행일 | 2018년 10월 19일 |

| | | | |
|---|---|---|---|
| 지은이 | 변 재 선 | | |
| 펴낸이 | 손 형 국 | | |
| 펴낸곳 | (주)북랩 | | |
| 편집인 | 선일영 | 편집 | 오경진, 권혁신, 최승헌, 최예은, 김경무 |
| 디자인 | 이현수, 허지혜, 김민하, 한수희, 김윤주 | 제작 | 박기성, 황동현, 구성우, 정성배 |
| 마케팅 | 김회란, 박진관, 조하라 | | |
| 출판등록 | 2004. 12. 1(제2012-000051호) | | |
| 주소 | 서울시 금천구 가산디지털 1로 168, 우림라이온스밸리 B동 B113, 114호 | | |
| 홈페이지 | www.book.co.kr | | |
| 전화번호 | (02)2026-5777 | 팩스 | (02)2026-5747 |

| | |
|---|---|
| ISBN | 979-11-6299-383-5 03370 (종이책)   979-11-6299-384-2 05370 (전자책) |

이 도서의 국립중앙도서관 출판예정도서목록(CIP)은 서지정보유통지원시스템 홈페이지(http://seoji.nl.go.kr)와
국가자료공동목록시스템(http://www.nl.go.kr/kolisnet)에서 이용하실 수 있습니다.
 CIP제어번호: CIP2018032470)

**(주)북랩** 성공출판의 파트너

북랩 홈페이지와 패밀리 사이트에서 다양한 출판 솔루션을 만나 보세요!

**홈페이지** book.co.kr   •   **블로그** blog.naver.com/essaybook   •   **원고모집** book@book.co.kr

영어구사 능력을 **두 배**로 키워주는
대안적 영어교육법

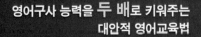

# 선생님!
# 말로 하세요

변재선 지음

중학교 3학년 영어 실력이면 **누구나** 영어로 말할 수 있다!
한국 현실에 맞춘 나이대별 영어 교육 이야기

북랩 **book** Lab

# 서문

내가 영어 교육에 발을 담근 지 이제 20여 년이 넘어간다.

그 세월은 강산이 두 번이나 변한 세월이자 내가 영어 교육을 진지하게 나의 직업으로 선택해서 전문성을 키우고자 다짐했던 그때부터 지금까지 지나온 시간이기도 하다. 열정적이었던 나의 20대 후반부터 지금까지 켜켜이 쌓아온 시간인 것이다.

그러나 영어 교육은 20년 전이나 지금이나 별반 달라진 게 없다. 그래서 그동안 많은 학부모와 학생을 만나 오면서 들어 왔던 질문들과 20년 넘게 현장에서 영어를 가르쳐 온 사람으로서 여러 사람에게 도움을 줄 수 있는 몇 가지를 정리하여 이렇게 책을 내기로 결심했다.

제1, 2장에서는 우리나라와 같은 상황의 영어 수업에서 무엇이 중요하고 어떻게 효율적으로 영어를 가르쳐서 배우는 학생들의 흥미를 더해줄 수 있는지를 다루었다. 또한, 그러면서 학생들이 영어를 배우는 데 있어 좀 더 효과적으로 배울 수 있도록 하기 위해 알아 두어야 할 내용들을 적었다. 가르치는 것과 배우는 것을 함께 알아 두어야만 어떻게 배워야 하는지를 전략적으로 이용할 수 있을 것이다.

제3장의 학교 영어는 우리가 다니는 공식적인 교육기관인 학교에서는 영어 수업이 어떻게 진행되고 있는지, 또 영어를 대하는 우리 아이들의 현실과 원어민 교육의 모호함을 들추어 보았다. 그리고 내가 경험한 일부 서구 문화를 바탕으로, 앞으로 아이들이 겪게 될 자잘한 내용들을 비교적 자세하게 열거해 보았다.

마지막 장에서는 영어가 어떻게 시작되고 전해졌으며 발전해왔는지 그 대략적인 내용들을 정리해 보았다. 시중에 여러 영어 교재가 나와 있지만, 어떻게 영어 교육을 시작해야 하며 영어를 공부할 때 무엇을 중요하게 여기면서 공부를 지속해 나가야 하는지에 대한 이야기를 다루는 책은 별로 보지 못했다. 또한, 외국어로서의 영어를 배울 때와 교실 밖에서 영어가 없을 때를 이야기하고 싶었고, 더 이상 읽고 외우는 영어가 아니라 정확히 듣고 말하는 환경, 즉 영어가 살아 있는 환경을 이야기하고 싶었다. 그리고 영어를 글로만 배우는 것이 아니라 실제 우리가 다국적 사람들과 움직일 때 갖춰야 할 기본 매너와 배려, 이해 등의 요소도 더 깊이 있게 말하고자 했다. 물론 녹록지 않은 일이었다. 그래도 이 책을 통해 앞으로도 영어가 더 친숙하게 느껴질 수 있다면 좋겠다. 그리고 누구나 실수할 수 있는 초보자임을 감안하고 영어에 도전할 수 있도록 돕고 싶다. 우리의 아이들이 용감하게 영어를 시도해 보는 글로벌 시민으로 자라 주길 기대하며, 이 책이 그 길에 작은 도움이 될 수 있기를 감히 희망해 본다.

# 목차

## chapter 2
## 영어를 배울 때

## chapter 3
## 학교 영어에 대해

# chapter 1
# 영어를 가르칠 때

A

# 01 영어를 가르치면서

2001년 봄부터 나는 영어 강사가 되었다.

우리나라의 초등학교에서는 1995년도를 기준으로, 초등학교 3학년부터 영어가 정식 과목으로 채택되었다. 교육열에 불타는 우리 엄마들은 여지없이 좋은 학원을 찾아 아이들의 영어 학업 관리를 시작했고 그 당시 학원은 호황을 누렸다. 그야말로 영어 학원 춘추 전국시대의 개막이었다. 그 당시 유아교육과를 졸업하고 유치원에서 근무하던 나는 좀 더 의미 있고 나를 성장시킬 수 있는 다른 일을 찾고 싶었다. 5, 6년 동안의 유치원 교사 생활은 보람 있고 즐거운 일이기도 했지만, 그래도 육체적으로 힘들고 너무 적은 보수라 희망이 없다고 생각했다. 그래서 선택한 영어 공부는 나를 배신하지 않았다. 유치원 교사를 하면서 방송대학 영문과를 졸업하고 그해 나는 어학연수를 떠났다. 그 기간은 내게 너무 소중한 경험과 기억을 새겨 준 보물 같은 시간이 되었다.

1999년, 나는 호주 어학연수에서 돌아왔다. 한국의 이름 있는 영어 유치원에서 일하고 싶었지만, 경험도 없고 아마 흡족한 스펙이 아니어서인지는 몰라도 최종면접에서 떨어지곤 했다. 그래서 경험을 쌓기 위해 유치원 파견 영어 교사부터 시작했다.

유아교육을 전공해 아이들의 성향을 쉽게 알고 있던 나는 모든 유치원에서 원하는 전문 영어 교사가 되었다. 그러다 영어 학원에서 일하게 되어 주말도 없이 영재반, 심화반, 외국어고등학교(이하 외고)반을 열심히 지도했고 과외도 맡게 되었다. 내가 영어를 잘하지 못했었기 때문에 아이들을 좀 더 쉽게 이해시키기가 쉬웠다. 내가 생각해도 영어를 쉽고 재미있게 지도하기 위해 부단히 노력했다. 그리고 이와 함께 아이들에게 영어를 잘하면 앞으로 얻을 수 있는 기회가 많고 다양한 경험을 할 수 있다는 것도 빼놓지 않고 이야기했다. 아이들에게 영어는 세계를 보는 창이자 미래에 자신의 직업을 선택하기 위해 갖추어야 할 필수 요소가 되기 때문이다. 나는 학교에서도 아이들에게 앞으로의 세상에서는 꼭 우리나라에서만 직업을 찾으려 하지 말고 5대양 6대주의 더 넓은 세상도 함께 생각해 볼 것을 권유한다. 이제 우리는 한곳에 정착해 죽을 때까지 그곳에서 머물러 살아가는 시대가 아니다. 요즘 유행하는 '한 달 살기'를 비롯해 휴가마다 해외여행으로 공항은 사람들로 북새통이 되고, 일자리 역시 제4차 산업혁명 시대를 맞이하여 이 나라에서 저 나라로 이동해 가면서 일하는 사람도 많아지고 있다. 한 번도 겪어보지 못한 급격한 변화가 나타나는 이 시대에서는 우리가 지향해야 할 가치를 잘 측정하고 통찰하는 능력이 필요하다. 그때 영어는 필수다!

이것은 내 아이에게도 마찬가지다. 선택의 폭을 넓혀서 원하는 일을 찾아 그 일을 할 수 있다면 삶의 행복과 안정은 보너스로 따라오기 마련이다. 선택의 폭이 넓어지는 것은 내 삶의 질이 상상할 수 없을 만한 크기로 극대화될 수 있다는 것을 뜻한다. 또한 나는 20년이 넘게 영어를 가르쳐오고 있지만 그때나 지금이나 대한민국의 영어 교육이 일관성 있게 읽기·이해 위주의 입시 과목이란 사실에는 그저 감탄만 할 뿐이다.

　평가의 편리성 때문인가, 혹은 의식의 부족인가? 도대체 우리는 왜 아직도 영어를 제대로 활용하지 못할까? 나는 평소 영어 교육에 관심을 가진 엄마들과 아이들, 또 영어에 관심 있는 모든 이에게 꼭 해 주고 싶은 조언을 이 책에 하나씩 녹여보고자 한다. 20년 넘게 영어를 지도하면서 영어 학습의 전반적인 상황은 그리 많이 변하지 못했다는 것이 지금은 무척 아쉽다. 그리고 국가 차원에서 좀 더 적극적으로 영어의 공교육에 대해 진지하고 효율적으로 다루지 못했던 점 역시 지금도 굉장히 아쉽다.

　나는 영어만 잘 가르치면 될 줄 알았지 이렇게 영어가 그냥 흘러가는 교과목으로 전락할 거라곤 생각지도 못했다. 지금의 현실이 무척 씁쓸하고 안타까울 따름이다.

B

## 02 우리의 영어 현실

해방 이후 지금까지, 우리의 영어는 왜 한결같이 똑같은 모습으로 우리 앞에 놓여 있을까? 나는 대한민국의 영어 교육이 70년 동안 일관된 교육 방식으로 이렇게 꾸준히 이어져 온다는 사실이 참으로 놀랍다. 그동안 영어 교육을 공격적이고 실험적인 여러 가지 다양한 형태로 적용해 볼 수는 없었을까?

수학이 대학 입시에 중요한 교과목이라면 영어는 삶의 동반자로서 중요한 요소라고 생각한다. 생각만 있고 눈으로 읽는 영어가 아닌, 살아서 움직일 수 있는 영어로 나아가야 한다.

그렇다면 먼저 우리의 상황을 정확히 알고 어떻게 영어를 준비해야 하는지 알아두어야 하겠다.

우리나라는 영어를 외국어로써 사용한다. EFL(English as a foreign language) 상황이다. 즉, 영어 시간 이외에는 무조건 한국어를 사용하는 상황이다. 일본, 중국 등을 그 예로 들 수 있다. 나는 처음 영어를 지도하면서, 100% 영어로만 수업을 진행하는 것이 우리 아이들에게 도움이 될지 아니면 한국어와 영어를 혼용하는 것이 좋을지에 대해 많은 고민이 있었다. 아이들이 조금이라도 더 영어에 많이 노출되기를 바랐던 나는 영어로만 영어 수업을 진행했지만, 이것이 아이들에게 얼마나 도움이 되는지 깊이 생각하지 않았다. 그래도 이 방식을 사용했던 것은 막연히 영어는 영어권 아이들처럼 영어로 배워야 한다고 생각했기 때문이다. 그러나 영어를 외국어로서 처음 접하는 아이들의 경우는 달라야 했다. 무슨 말인지도 모르고 눈치껏 친구들을 따라 하며 그저 '감'에 의존할 뿐이었다. 모국어를 익힐 때는 여러 언어 상황이 동시다발적으로 생기기 때문에 언어 감각을 쉽게 익힐 수 있다. 그러나 EFL 상황에서 외국어를 익힐 때 '감'의 터득은 오랜 시간이 걸린다. 아이들의 영어가 미완성된 '감'으로만 끝날까 봐 걱정되어 어려운 몇몇 단어는 우리말로 얘기해 주기도 했지만, 처음 영어를 접하는 아이들은 그래도 힘들었을 것이다. '감'이 통하는 영어는 기본 실력이 어느 정도 갖춰져 있거나 매일 외국어를 사용해야만 하는 환경에 노출된 경우에만 가능한 것이다. 그렇지만 나는 그럼에도 불구하고 얼마 안 되는 영어 시간에라도 영어를 우선적으로 사용해서 아이들에게 자극을 주고 싶어 가능한 한 영어로 수업했다.

　그러던 어느 날, 열심히 영어로 수업을 하고 있는데 한 학생이 "선생님! 말로 하세요."라며 내게 한국어로 이야기해 줄 것을 주문했다. 순간적으로 '어? 영어도 말인데…' 하면서 머릿속으로 '영어로만 가르치면 아이들이 끝까지 정확히 모를 수 있고 답답하겠구나.'라는 생각이 스쳤다. 그러면서 총체적인 문제인 '어떻게 가르칠 것인가?'가 다시 큰 문제로 다가왔다. EFL 상황에서의 영어 지도와 ESL(English as a second language) 상황의 영어 지도는 근본적으로 달라야 함을 깨달았다. 나는 ESL 상황 하에서 영어를 지도했던 것이다. 그러나 기초 학습자에게 ESL 상황의 영어 지도는 큰 무리였다. ESL 상황은 자국어가 있으면서 영어도 제2 언어로 인정하고 일상에서도 영어를 사용하는 상황을 말한다. 늘 영어가 생활화되어 있는 필리핀, 홍콩, 싱가폴, 그 외 유럽의 많은 국가가 그 예다. 그러면 EFL 상황에서는 어떻게 영어를 가르쳐야 할까? 문법(문장 규칙)과 함께 영어가 시작되어야 한다. 나는 이것을 경험으로 깨달았다. 간단한 문장 규칙부터 익혀나가야 한다. 그리고 읽기가 가능할 때부터 문장 규칙을 책과 말하기 패턴으로 심화해서 익히고 학년이 올라갈수록 조금씩 어법의 규칙을 알 수 있도록 해야 한다. 그리고 한편으로, 우리말을 영어로, 영어를 우리말로 바꿔가며 말해 보는 연습도 무척 중요하다. 아이들의 수준이 어느 정도 궤도에 오르면 학원에서 영어를 배우거나 스스로 공부하면서 문장 규칙이 여기저기서 출몰한다는 것을 알게 된다. 이러한 이유로 나는 5, 6학년 이상의 학생들에게는 항상 문장의 8품사를 입에 거품을 물 정도로 열심히 설명했다. 문장 규칙의 이해는 똘똘한 우리 아이들이 맘껏 영어를 가지고 놀 수 있는 방법이라는 확신이 있었기 때문이다.

영어를 문법만 배워서 말로 못 한다는 말은 나는 지금도 도저히 이해할 수 없다.

우리와 같은 EFL(외국어로서의 영어 교육) 상황에서 문장 규칙을 알아야 하는 것은 너무도 중요한 진리다. 문법을 알면 누구보다 더 정확히 말하고 자신 있게 대화에 참여할 수 있다.

"'big'은 무슨 뜻일까?"라고 물어보면 열에 아홉은 "크다."라고 대답한다. 여기서부터 영어의 난관이 시작된다. 'big'이 '크다'라는 뜻이라면 동사가 되고, 그렇다면 주어 다음에 바로 쓰이면서 문장을 서술하는 역할을 하는 단어로 둔갑해야 한다. 따라서 정확한 뜻을 모르면 그때부터 영어는 머릿속에서 뒤죽박죽되기 시작하는 것이다. 그래서 영어 단어를 외울 때는 정확한 뜻과 품사를 외워 활용해야 한다. 품사를 무시하고 대충 외우면 절대 영어가 쉽게 다가오지 못한다. 따라서 'big'은 동사가 아니라 형용사라는 것을 알아야 하고, 뜻은 정확히 '큰'이라고 알고 있어야 한다.

대체로 형용사가 무엇인지 물어보면 꾸미거나 수식하는 품사라고 말하는데, 이것은 아이들이 그 뜻을 이해하는 데 좀 딱딱하다. 그냥 한마디로 말하자면 형용사는 '자세히 설명해 주는 말'로 생각하면 이해가 쉬울 것이다.

"He is my son."을 "He is my lovely son."으로, "This is my house." 대신에 "This is my wide beautiful house." 등으로 문장을 바꿔 보는 과정을 통해 형용사를 좀 더 자세히

설명해 줄 수 있다.

또한, 형용사를 동사적 표현으로 쓰고 싶을 때는 'be 동사'와 함께 쓰면 된다. 여기서 형용사를 동사화하고자 할 때 be 동사를 쓴다는 개념을 알아서 말하고 읽는다면, 더 빠른 시간 내에 영어를 이해하고 즐거운 일상 영어를 시작할 수 있다.

"I am hungry.", "She is pretty.", "They are big and tall.", "Are you tired?", "Is she pretty?", "Are they smart?", "Is your father sick?" 이처럼 be 동사의 문장을 의문문으로 만들려면 be 동사를 앞으로 빼내면 된다. 패턴화된 다양한 문장의 연습으로 이 기본적 사실을 우리 아이들에게 이해시켜야 한다. 이것은 영어를 좀 아는 어른들도 대수롭지 않게 생각하는 경향이 있다. 나는 개인적으로 동사와 형용사 그리고 명사의 개념은 초등학교 3학년 시기부터 아이들에게 지도가 이루어져야 한다고 생각한다. 그 개념은 듣기, 말하고 읽기, 그리고 모든 쓰기에 녹아 나오는 아주 중요한 뼈대이기 때문이다.

대부분의 어른들은 문장 규칙은 알지만 말해본 경험이 없기 때문에 말하기는 두렵고, 대신 읽고 이해하는 능력이 더 자신 있을 것이다. 그동안 우리 교육의 평가가 그렇게 활용되었기 때문이다.

우리 교육에는 듣기, 읽기 그리고 쓰여진 문장의 형태가 옳은지를 찾는 불완전한 쓰기 교육만 존재한다.

듣기가 되면 말하기로의 진행은 당연한데 말하기가 빠졌으니 바른 영어 교육이 되었을 리 없다. 언어 교육을 사지선다형으로 평가한다는 것 자체가 이미 낡은 방식이고 쓸모없는 일이다. 그러므로 이제는 달라진 방법으로 진정한 언어로서의 가치를 부여하고 영어가 일상 언어가 될 수 있도록 가정 안팎에서부터 조금씩 시작해서 살아 있는 언어를 아이들이 학습할 수 있도록 만들어야 한다. 흔히 영어를 하게 되면 우리말을 등한시할 것이라고 생각하는 사람들이 많지만 그렇지 않다. 라면이 나왔다고 밥을 안 먹는 사람은 없다. 쌀 소비량이 줄고 있는 것은 사실이지만, 그렇다고 해서 우리가 밥을 안 먹고 빵이나 라면 혹은 다른 나라 쌀로 지은 밥을 주식으로 먹지는 않는다. 나는 우리의 소중한 유산인 우리말을 지키는 과정에 있어서, 우리가 영어를 사용하면서 한류를 적극적으로 알리면 우리 한글 역시 국제어로서 다른 나라의 제2 외국어로 우뚝 설 수 있으리라고 생각한다. 함께 공존하며 상생할 방법은 무궁무진하다.

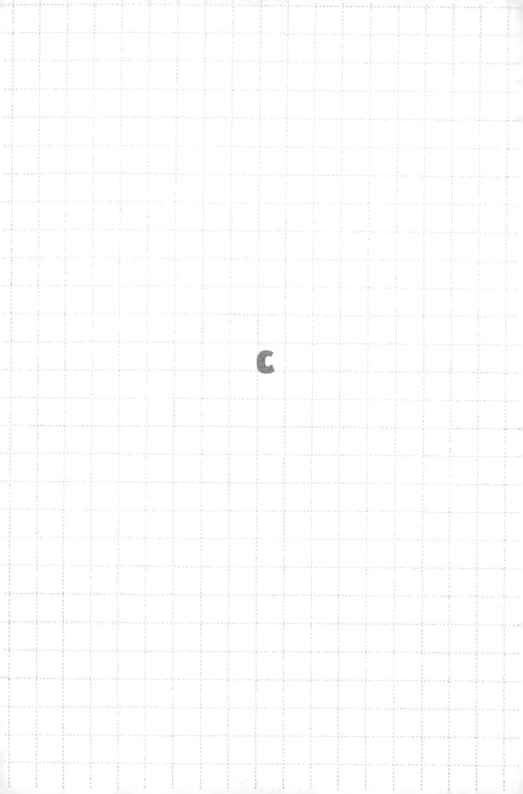

## 03 일상에서 영어를 알려 주어라

내가 영어를 가르치는 입장이라서인지, 많은 사람이 나에게 묻는 흔한 질문 한 가지가 있다.

"어떻게 하면 영어를 잘할까요?"

영어를 잘하는 방법…. 그 질문에는 그저 "꾸준히 하세요."라는 말밖엔 딱히 대답할 말이 없다. 영어는 언어이기 때문에 지속해서 끊임없이 사용하지 않으면 감이 떨어지고 어휘도 금방 잊어버리기 마련이다. 그렇기 때문에 영어를 배워도 이를 써먹지 않으면 학교 교과목으로서의 영어로 전락하고 만다. 그러나 이런 우리에게 앞으로의 세상을 보여 주기라도 하듯 점점 우리 사회는 다문화사회가 되어가고 있다. 관광객은 물론 난민의 자격을 얻기 위한 외국인들도 간혹 만날 수 있다. 여러 사회적 인프라가 국제화되어가고 있기 때문에 일상에서 영어 표현을 만나기란 아주 쉬운 일이다. 대형마트나 지하철, 관공서만 가 보아도 지시문이나 알림 글들이 영어로 되어 있는 경우가 흔하다.

다음은 어느 대형마트의 알림 글이다.

선생님! 말로 하세요

회원 여러분의 안전을 위해
FOR MEMBERS SAFETY,

| 쇼핑수레 손잡이를 | 무빙워크가 끝나는 지점 |
| 꼭 잡아주십시오 | 에서 힘차게 밀어주세요 |
| HOLD YOUR CART FIRMLY | PUSH YOUR CART STRONGLY |
| AND USE CAUTION PLEASE | AT THE END OF MOVING WALK |

〈대형마트〉

여기는 1층 도착층 입니다
You are in the Arrivals Hall (1st Floor)

到着 到达
Arrivals 도착

〈공항〉

〈공항〉

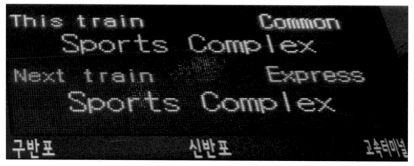

〈지하철〉

선생님! 말로 하세요

이러한 알림 글들을 보면서 실생활에서 어떻게 영어가 사용되는지 알 수 있고 왜 영어를 말하고 이해해야 하는지를 체감할 수 있다. 이렇게 안내된 영어 설명들을 놓치지 말고 봐 두고 아이에게도 적극적으로 알려 주어야 한다.

우리나라에서 영어는 아마 엄마 뱃속에서 아기가 배아 단계일 때부터 최초 교육이 시작되는 것 같다.

임신 초기부터 열성적인 우리나라의 엄마들은 영어 노래를 듣고 부르고 따라 하며 영어로 된 태교 환경을 만들어 주기에 바쁘다. 하지만 나는 좋아서 따라 부르는 것과 아이에게 좋다고 생각해서 의무적으로 따라 부르는 것은 큰 차이가 있다고 생각한다.

나 역시 엄마로서 우리 아이가 영어를 잘하기를 바랐고 태교는 물론 지금도 가끔 일상에서 영어를 사용한다. 특히 'sleep'이라는 단어를 몇 번 사용한 적이 있는데, 어느 날 차에서 4살된 우리 아이가 잠을 자려고 하길래 "He sleeps soon."이라고 애 아빠에게 말하니 갑자기 뒷좌석에 앉아 있던 아이가 "아니야! 안 잘 거야!"라고 소리친 적이 있다. 반복적으로 들었던 단어와 그 행동을 생각해 언어를 터득한 우리 아이를 보고 나는 놀랍고 신기했다. 그러나 나는 결코 우리 아이에게 영어를 먼저 가르칠 생각은 하나도 없었다.

아이가 만 5세까지는 우리말을 먼저 습득하도록 돕고 간간히 영어 문장이나 노래를 들려줄 뿐, 절대 서두르지 않았다.

그럴 필요도 없었다. 왜냐하면 우리는 EFL 상황에서 살기 때문에 무조건 모국어가 1순위라고 생각하기 때문이다.

아이가 먼저 우리말을 잘할 때까지 나의 영어 교육은 잠시 보류되었다. 간간히 엄마의 편의가 필요하거나 요청이 있을 때만 스마트폰으로 아이에게 영어 노래만 들려주었다. 그리고 그때마다 내가 아는 노래가 나오면 재미있게 따라 불렀고 아이도 자연스럽게 따라 불렀다.

나는 우리 아이에게 이렇게 세뇌시켰다.

"엄마, 아빠는 영어를 좋아하고 잘하니까, 너는 당연히 영어를 잘할 거야."

그리고 조금이라도 영어를 말하거나 따라 하려 할 때는 많은 칭찬과 대견해 하는 모습을 아끼지 않고 보여 주었다.

나는 집에서 사용할 수 있는 회화로 아이가 "Would you like some milk?", "Sure.", "Yes, please."부터 말할 수 있도록 아이에게 자주 묻고 대답하도록 했다. 아이가 조금이라도 거부하면, 나는 몇 달이 지나도록 아이에겐 영어 한마디도 하지 않았다. 그러나 필요에 따라 가끔 들으면 안 될 말들은 아이 아빠하고 영어로 주고받았다.

일상 영어는 내가 사용하는 것도 일부 있지만, 되도록 EBS 2채널에서 나오는 영어 놀이 프로그램을 빼놓지 않고 시청하도록 했다. 아이는 나랑 같이 볼 때도 있지만 분주한 아침 시간에는 혼자 시청할 때도 많고 간혹 오후에 재방송을 볼 때도 있다. 그러면 나는 열심히 한 단어라도 더 알려 주고 사용할 수 있도록 도와주지만, 8살인 우리 아들은 그냥 대충 본다. 영어에 30분 노출, 그걸로 만족해야지…. 그리고 일상에서 사용하기 쉬운 여러 단어는 1학년 영어 어휘책을 도서관에서 빌려와 틈틈이 알려 주었다. 아이가 2학년 여름방학을 맞이할 즈음부터는 영어 기본 대소문자를 정확히 구분하도록 눈으로 익히고 플래시 카드(flash card)의 단어를 자주 보여 주며 '통문자 노출'을 시켰다. 나는 아이가 3학년이 되기 전에 알파벳 대소문자는 안 보고 척척 쓸 수 있어야 하고 자주 보는 단어는 자연스럽게 읽을 수 있을 정도가 되어야지 스스로 학습이 즐겁고 자신감이 생긴다는 것을 교사로서 체득했다. 선행학습까지는 아니더라도, 3학년 영어를 재미있고 수월하게 시작하려면 그 기본이 되는 단어 몇 개 정도(예를 들어 'bag', 'pen', 'hat' 등)는 10초 이내에 보고 쓸 수 있도록 도와주어야 한다. 일상에서 영어를 배우면 말을 배우지만, 책에서 영어를 배우면 글로 배우는 학습이 시작된다.

D

# 04 영어 첫 수업이
# 평생 영어 학습을 좌우한다

나는 애초부터 가르치는 직업이 내게 잘 맞는 일인지 몰랐다.

대학은 그냥 유아교육과로 진학하게 되었으며, 영어를 전공하였으면서도 가르치는 일이 업(業)인 줄 모르고 몇 년 전까지만 해도 생각 없이 습관적으로 가르치는 일을 해 왔다. 그런데 이상하게도 가르치면서 아이들이 발전해 가는 모습을 보이면 그것이 너무나 신기했고 신이 났다.

유치원 파견 근무를 하거나, 학원에서 아이들을 처음 만나거나, 학교에서 아이들을 처음 만나는 첫 시간, 그 최초의 시간은 나에게, 그리고 아이들에게도 어마어마하게 소중하다.

나는 영어를 지도하는 교사다. 영어. 우리가 꼭 알아야 하는 언어, 마치 제2의 언어처럼 느껴지는 단어인 영어. 처음 대하는 아이들에게 영어가 얼마나 재미있는지, 그리고 앞으로 더 배우고 싶고 더 알고 싶은 영어가 되기 위해 아이들에게 영어의 첫 시간은 너무나도 중요하다. 첫 영어 수업은 다른 이와의 첫 만남에서 느끼는 첫인상처럼 깊고 오래 간다.

나는 지금도 우리 아이들이 내게 영어를 배우면서 재미없고 어렵게 느껴질까 봐 그것이 제일 걱정이다. 평생 함께 가야 할 수도 있는 영어인데 내가 망쳐버릴까 봐 항상 걱정된다. 그래서 항상 아이들에게 친절하기 위해 노력했고 웃으며 대하기 위해 노력했다. 미소는 비언어적 의사소통 중에서도 가장 의미 있고 경이적인 변화를 줄 수 있는 방법이라고 생각했기 때문에 나는 늘 미소를 지으며 아이들과 인사했다.

4학년 수업을 가르치던 몇 해 전, 한 아이가 수업이 끝난 후 내게 다가와서 물었다. "선생님은 항상 그렇게 기분이 좋아요?" 그 말을 들었을 때 나는 정말 기뻤다. 내가 그렇게 아이들에게 보였구나. 성공했다고 생각했다.

선생님! 말로 하세요

아이들 하나하나를 영어로 이끌자면 먼저 영어도, 선생님도 어렵게 느껴져선 안 된다. 선생님은 아이들의 어떤 질문이나 대답에도 아이들을 격려해 주어야 하고 수업은 허용적인 분위기에서 틀리는 것을 두려워하지 않고 주저 없이 영어를 말할 수 있는 분위기여야 한다. 나는 그런 분위기를 만드는 것이 첫 번째 임무라고 생각했다.

그 첫 번째 임무는 첫 수업부터 시작된다. 그래서 첫 수업은 나에게 있어 어떤 의식과도 같다.

첫 수업과 첫 주, 첫 번째 달이 그해의 아이들과 나의 영어 방향이 정해지는 척도가 된다.

특히 나이가 어린 유아들의 경우, 영어의 첫 경험은 앞으로 그 아이들의 평생 영어 학습의 성공 여부를 결정할 수도 있기 때문에, 재미있는 놀이로 시작해서 꾸준히 발전할 수 있는 기반을 만들어 주어야 한다.

영어도 처음에는 재미로 시작했지만, 나중에 학습의 내용과 양이 늘어나면 지루할 때도 있고 당연히 하기 싫을 때도 있다. 그럴 땐 부모가 좀 더 과감해져야 한다. 영어와 떼어 두고 아이에게도 시간을 주는 것이 좋다. 부모 욕심에야 늘 아이가 잘 따라 주면 좋겠지만, 아이들은 변화무쌍한 존재이기 때문에 결코 부모의 입맛대로 움직여 주지 않는다.

E

## 05 이제는 말하기다

우리는 지금까지 영어를 학습적으로 활용해 왔다. 듣기와 읽고 이해하기 위주의 19세기 공부법을 아직도 영어에 적용하고 있으니 말이다. 그러면서 말하기가 중요하다고 얘기하면, 앞으로는 번역기가 도와주고 인공지능이 다 알아서 해줄 것이라고 한다. 과연 그럴까? 직접 말하는 것 대신에 번역기를 사용하면 대화하는 것이 가능해질 수는 있다. 그러나 느낌과 생각을 공유하는 소통의 인간관계가 기계를 통해 전해지고 컴퓨터가 우리의 언어를 통제하고 조절하는 상황이 생기게 될 것이다. 또한, 번역기나 인공지능을 통해 의미가 제대로 전달되었는지 의심 없이 대화가 가능한 완벽한 수준까지 도달하기에는 여전히 많은 시간의 소요와 시행착오가 예상된다. 언어는 단순한 지식 전달을 위한 수단 그 이상이다. 언어적인 의사소통이 이루어져야 비로소 비언어적 의사소통이 쉽게 이루어짐을 우리는 그동안의 경험을 통해서 알 수 있다. 중요한 순간인 국가 원수 간의 만남에서 그저 번역기로 단편적인 사항만을 대화하며 국론을 논하고 국익을 따질 수도 있겠지만, 그렇게 하면 예기치 않았던 오해의 소지도 많이 생길 수 있다. 말은 사람의 감정과 생각을 전하는 인간 대 인간의 소통 수단이기 때문이다. 기계 번역의 단점을 보완하기 위해서라도 아마 향후 70~80년까지는 통역사가 중요한 역할을 할 것이다. 예전에는 전자책(E-Book)이 나오면 종이책을 대체할 것이라는 말이 많았지만 아직까지는 그럴 기미는 없어 보인다. 현재로서는 눈의 피로감을 확 덜어줄 전자책(E-Book)이 나오거나 수많은 책의 오디오화가 진행되더라도 종이책의 위세는 꺾이지 않을 것 같다. 이제 선택은 스스로에게 달려있다. 세상은 더 복잡해지고 다양해지고 있다.

선생님! 말로 하세요

아침은 호주에서 먹고 저녁은 발리에서 친구와 칵테일을 마실 수 있는 시대가 왔다. 다국적 시대의 시민들로 이루어진 나라에서 서로 다른 문화를 가진 이들과 어울리며 살아가고 있는 지금, 우리에게 경쟁력이 되어 줄 수 있는 것은 무엇일까? 생각을 나눌 수 있는 언어적 소통이다.

어떤 언어라도 듣기를 잘하면 말하기를 잘하게 되고, 말하기를 잘하면 글쓰기를 잘할 수 있다. 여기에서 공통분모는 '말하기'다.

말하기는 언어의 그 어떤 영역보다 중요하고 가장 기본적인 소통 방법이기에 그 중요성을 강조하지 않을 수 없다.

나를 표현하고 나타낼 수 있는 것. 다른 나라 사람들과 함께 엮어 나갈 우리의 미래를 생각하면서, 나는 영어 말하기의 중요성을 소리 높여 강조하고 싶다. 언어의 듣기와 말하기는 악기 연주나 운동 연습처럼 반드시 몸으로 익혀야 하는 학습이기 때문에 장시간의 지속적인 훈련과 연습이 필요하다. 영어 발음이 안 좋아서 말하기를 못 할 것 같다는 선입견은 버려야 한다.

외국인이 우리말을 할 때, 우리는 그들의 말이 완벽해서 알아듣는 것은 아니다. 발음이 서툴러도 우리는 그들의 말을 다 알아듣는다. 왜? 우리는 한국어를 말하는 원어민이기 때문이다. 영어 화자(話者)들 또한 마찬가지다. 우리가 서툰 발음으로 말해도 그들은 다 알아듣는다.

발음에 목숨 걸지 말고 영어 말하기에 목숨을 걸어야 한다. 영어는 이미 영미권 사람들만의 언어가 아니라 국제어로 통용되고 있기 때문에 우리가 발음에 관한 부담을 가질 필요가 없다. 싱글리시(싱가포르식 영어), 칭글리시(중국식 영어), 쟁글리시(일본식 영어), 콩글리시(한국식 영어), 스팽글리시(스페인식 영어) 등은 자국어와 영어의 결합으로, 영어 표준 어법엔 맞지 않지만, 의미는 이해할 수 있는 단어나 문장들이 생겨나고 있다. 발음 또한 마찬가지다. 여러 발음이 자국 현실에 맞춰 발음화되어 있다. 이런 이유들만 보아도 우리가 영어 발음에 너무 민감할 필요가 없다는 것을 알 수 있다. 그리고 이러한 생각을 바탕으로 영어 말하기를 향상시키려면 반드시 다음의 열 가지 팁들을 기억해서 사용하길 바란다.[1]

1 출처: khan academy, 'How to improve'.

**첫째**, 영어를 말하는 데 있어 실수를 두려워하지 말아라. 우리는 영어권 나라에서 사는 것이 아니라 단지 학습으로 조금 영어를 접했을 뿐이다. 그런데도 실수를 너무 두려워하고 창피해하기까지 한다. 그럴 필요가 전혀 없다. 2~3년 동안 한국에서 산 외국인이 우리말을 실수해도 우리는 그를 비난하기보다는 오히려 잘 들어주기 위해 노력하고 그를 대견하게 생각하지 않는가? 영어 원어민들도 그렇게 생각한다.

우리는 원어민이 아니니 당연히 틀릴 수도 있음을 명심하고 계속 도전하고 고쳐가며 영어를 익혀야 한다.

**둘째**, 원어민과 대화하라. 서로가 서로의 언어를 가르치면 더할 나위 없이 좋은 원어민과의 대화 시간이 될 것이다. 이때 천천히 말하기를 요청하고 큰 실수는 고쳐달라고 하는 것이 좋다. 원어민과 대화할 수 없을 때는 문장을 따라 말하는 섀도우 리딩(shadow reading)이나 섀도우 스피킹(shadow speaking)의 방법을 활용해도 된다.

**셋째**, 영어를 사용하는 나라로 여행을 떠나라. 미국, 캐나다, 호주, 영국, 뉴질랜드는 물론, 인도, 싱가폴, 남아공 등 영어를 일상에서 사용하는 나라를 찾아 직접 부딪쳐 보아라. 영·미 언어의 차이를 조금이라도 알고 가면 훨씬 더 도움이 된다.

**넷째,** 다른 학생들과 함께 연습하라. 주제를 선택해 영어로 연습하는 것이다. 주제는 영화, 휴가, 운동, 취미생활에 관련된 것을 선택하고 잘 생각이 나지 않을 때는 일반 회화 교재의 주제를 가지고 이야기해도 된다. 대부분 이야기를 할 때 경험하지 않았거나 관심 없는 분야는 별로 말하지 않으려고 하는데, 그렇게 순수한 마음으로만 접근하면 영어를 결코 잘할 수 없다. 말할 거리를 늘 생각해 두고, 모든 영역에 관심을 가지고 이야기할 준비를 해 두어야 한다. 그것이 안 되면 거짓말을 해서라도 말할 거리를 만들어 두고 얘기해야 한다. 영어에서 몰라도 될 부분은 하나도 없다.

**다섯째,** 스스로 생각과 말을 영어로 해라. 이것은 영어로 말하는 것을 시작할 수 있도록 하고, 영어로 생각하면 더 유창하게 말할 수 있다.

**여섯째,** 국제 음성 기호(IPA, International phonetic alphabet, 발음기호)를 배워라. IPA는 단어를 바르게 발음하도록 돕는다. 포털 사이트 사전의 발음을 들어 보면 표준화된 발음으로 단어를 말해 준다. 그리고 발음기호도 나와 있다.

| symbol(발음기호) | sound |
|---|---|
| [ʃ] | ship, dish |
| [s] | sit, city |
| [ei] | day, grey |
| [ə] | animal, about |

**일곱째,** 미리 말할 내용을 준비하라. 예를 들어 호텔 예약 전이라면 사전에 말하고 싶은 바를 찾아서 준비하고, 다른 사람의 질문에 대해 생각하고 대답을 준비하는 것이다.

**여덟째,** 듣기 능력을 향상시켜라. 나는 이 능력이 가장 중요하다고 본다. 듣기를 향상시키면 더 유창하게 말할 수 있다. 섀도우 리딩(shadow reading)이나 섀도우 스피킹(shadow speaking) 방법을 강력히 추천한다. 또한 비디오 시청 시에 처음엔 자막 없이 그냥 보면 좋은데 너무 답답하다고 생각되면 스크린 대사와 함께 듣는 것도 좋다. 그리고 읽은 것을 녹음해 보아라. 자기의 녹음 부분을 듣고 원래 버전과 비교해 보고 실수를 짚어 본다. 그 외에도 영어 라디오를 듣거나 영어 TV를 자막과 함께 보도록 한다.

**아홉째**, 어휘를 향상시켜라. 단어를 많이 알면 말하고자 하는 바를 신속히 말할 수 있다.

**열째**, 문법을 향상시켜라. 이것은 첫째, 대화를 빨리 이해할 수 있고, 둘째, 말하고자 하는 내용을 빠르게 고쳐 사용할 수 있다. 그리고 셋째, 발음과 유창성에 초점을 맞출 수 있다. 마지막으로 자신감을 키울 수 있다.

이런 10가지 사실을 알고 실천한다면 영어를 내 맘대로 활용할 수 있는 날은 생각보다 더 빨리 찾아온다.

말하기를 위한 평가 방법은 이미 몇몇 영어 시험 기관에서 이루어지고 있지만, 그 비용이 만만치 않다. 나는 앞으로 우리 교육에서 영어가 읽고 쓰기보다 듣기, 말하기를 평가하는 방식으로 바뀌어 진정한 실용 영어 평가가 이루어지길 간절히 바란다.

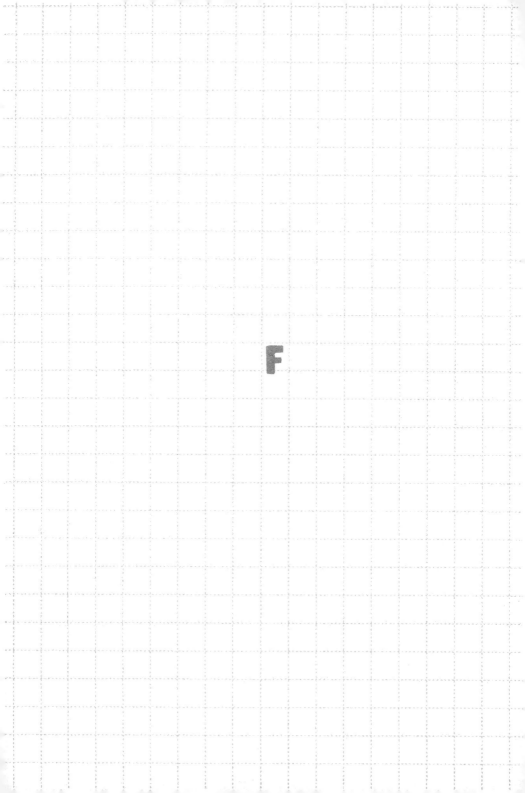

# 06 영어에는 중요한 세 가지 요소가 있다

영어에서 숫자는 매우 중요한 의미를 지닌다. 주어의 단수, 복수의 구분은 물론이고 명사에서도 셀 수 있는 것과 셀 수 없는 것을 철저히 구분하고 시간 역시 12가지로 세분화시켜 문장을 만드는 것만 보아도 알 수 있다.

내가 생각하는 영어에서 정말 중요한 세 가지는 시간의 흐름을 표시하는 시제, 수, 단어의 품사다.

첫 번째로, 영어에 시제는 12가지가 있다. 영어는 현재형, 과거형, 미래형, 이 세 가지의 기본시제에 진행형, 완료형, 완료진행형까지 총 12가지로 세분화된다. 다음의 표를 참조해 보자.

| | 시제의 종류 | 예문 | 우리말 뜻 |
|---|---|---|---|
| 현재 | 현재형 | "I study English." | "나는 영어를 공부한다." |
| | 현재진행형 | "I'm studying English." | "나는 영어를 공부 중이다." |
| | 현재완료형 | "I have studied English." | "나는 영어를 공부해 왔다." |
| | 현재완료 진행형 | "I have been studying English." | "나는 영어를 공부해 오고 있는 중이다." |

선생님! 말로 하세요

| | | | |
|---|---|---|---|
| 과거 | 과거형 | "I studied English." | "나는 영어를 공부했다." |
| | 과거진행형 | "I was studying English." | "나는 영어를 공부하던 중이었다." |
| | 과거완료형 | "I had studied English." | "나는 영어를 공부해 오고 있었다." |
| | 과거완료 진행형 | "I had been studying English." | "나는 영어를 공부해 오던 중이었다." |
| 미래 | 미래형 | "I will study English." | "나는 영어를 공부할 것이다." |
| | 미래진행형 | "I will be studying English." | "나는 영어를 공부하고 있을 것이다." |
| | 미래완료형 | "I will have studied English by tomorrow." | "나는 내일까지 영어 공부를 할 것이다." |
| | 미래완료 진행형 | "I will have been studying by then." | "그때까지는 영어 공부를 하는 중일 것이다." |

현재형, 과거형, 미래형은 단순한 시간적 흐름을 나타내므로 쉽게 사용할 수 있다.

과거나 미래에 잠깐 진행하는 일이거나 말하는 순간에 진행하고 있는 일은 현재진행형으로 나타내면 된다.

완료진행형은 현재까지, 과거 동안, 미래까지 진행되고 있는 사실을 강조할 때 쓰면 된다.

"I have studied English since 2016."이라는 문장은 내가 2016년부터 영어를 쭉 공부해 오고 있음을 말하고, "I have been studying English since 2016."이라는 문장은 내가 2016년부터 영어를 공부해 오고 있는 중이라는 사실의 진행을 강조하는 문장이다.

완료형은 어떠한 행동이 완료되거나 그동안의 경험, 결과, 계속 등을 나타낼 때 쓰는 것으로, 좀 복잡하게 나뉜다.

현재완료형의 간단한 상황을 살펴보면 다음과 같다. "I have tried losing my weight."라는 문장을 해석해 보면, "나는 지금까지 몸무게를 줄이려고 노력했다."는 내용이다. 이는 과거부터 지금까지 연결된 시간 동안 쭉 몸무게를 줄이기 위해 신경 쓰고 있다는 말이 된다.

단순과거형인 문장을 보자. "I tried losing my weight."라는

문장이 있다. "나는 (과거 한때) 몸무게를 줄이려고 노력했다."는 "과거 어느 때인가 몸무게를 줄이려 노력했었다."라는 뜻으로 지금 현재와 상관없는 과거 어느 한때의 일을 말한다.

"I have not eaten dinner[저녁을 안 먹었다(그래서 빨리 먹고 싶다는 현재의 상황과 연관되어 있다)]."

이러한 상황은 우리말에는 전혀 없는 새로운 시제이기 때문에 처음엔 까다롭게 느껴지지만, 영어에서는 아주 흔한 시간적 대화로 아주 많이 쓰인다.

과거완료형은 과거보다 더 이전에 나타나는 일을 말할 때 쓰인다.

"Before you arrived, I had left for Busan."이라는 문장을 보자. "네가 도착하기 전에, 난 부산으로 향했다."로 해석할 수 있다. 네가 오기 전에 내가 먼저 출발했다는 말로, 시간상의 차이를 과거와 대과거(과거완료)적 표현을 통해 섬세하게 나타낸다.

미래완료는 미래의 특정 시점까지 '~할 것이다'라는 표현을 할 때 쓰인다. "그 책을 다시 읽는다면 두 번이 될 것이다."라는 문장을 영어로 쓰면 "I will have read the book twice if I read it again."이 된다.

영어는 이렇듯 비슷하지만 시간차 순으로 의미를 표현하는 경우가 많아 처음 접하는 우리에게는 어렵게 느껴질 수도 있다.

**두 번째로,** 그들이 중요하게 생각하는 것은 단수, 복수 등 셀 수 있느냐와 없느냐를 뜻하는 '수'다.

주어의 수에 따라서 동사의 형태가 바뀌고 모든 명사는 하나인지 혹은 셀 수 있는지에 따라 관사를 붙이고 명사에 s를 붙여 수를 표시한다. 초등학교 3학년 교과서에 "Do you like apples?"라는 문장이 나온다. 대부분의 아이는 "Yes, I like apple."이라고 답한다. 그래서 나는 항상 1차시의 맨 처음엔 '내가 사과를 좋아한다'면 '사과 하나만 좋아하는 게 아니고 그 종류들을 다 좋아하는 것'이라는 사실을 아이들에게 이야기해 준다. 또한, 아이들이 좋아하는 것이 셀 수 있는 것이면 반드시 's'를 붙여서 말하고 물어보도록 연습시킨다. 아예 처음부터 단어를 배울 때 'an apple'과 'apples'로 구분해서 배워야 하는데, 우리는 그동안 단어를 외워 쓰는 것에 익숙했기 때문에 빚어지는 일이다.

처음부터 단어로만 배우더라도 아이들이 익숙해지도록 간간히 확인하며 지도하는 것이 필요하다.

그리고 영어에서는 셀 수 있고, 없고의 '수'도 중요하지만, 주어에 따른 동사의 수도 중요하다. 주어가 한 명인지 또 몇 인칭인지에 따라 동사의 수가 결정되기 때문이다. 이렇듯 영어에서 숫자는 시간과 함께 아주 중요한 역할을 하고 있다.

**마지막으로,** 단어의 '품사'는 문장에서 단어가 나타내는 기능으로, 문장의 내용을 쉽게 이해하도록 돕고 문장 활용도를 높이기 때문에 중요하다.

물론 우리가 모든 단어의 품사를 다 외워둘 필요는 없지만, 그래도 많이 알고 있을수록 활용하기 편리하다.

예를 들어 'help'는 동사와 명사로 다 쓰인다. "He wants to help us again."이라는 문장을 보자. 여기서 'help'는 'to부정사'와 함께 쓰인 동사이고 "Thanks for your help."의 'help'는 형용사 역할을 하는 소유격인 'your(너의)'와 함께 쓰인 명사로 작용했다.

"Can I come in?", "You can do it.", "I like canned beer."이라는 문장들을 보자. 맨 처음 두 문장에서 쓰인 'can'은 조동사로 쓰였고 세 번째 문장의 'can'은 'ed'가 붙어 '통조림으로 된'이라는 뜻을 가진 형용사로 쓰였다. 사실 많은 영어 문장을 읽고 또 외워 쓰다 보면 그 단어가 동사로 쓰였는지 명사로 쓰였는지 알 수 있지만, 처음에는 당연히 잘 모르기 마련이다. 그러므로 한 번쯤 아이들에게 품사를 알려 주고 품사 활용의 중요성을 늘 말해 주어야 한다.

학년이 높아지면서 우리는 점차 글을 읽고 이해하는 것이 위주가 되는 '수능 영어'를 맞닥뜨리게 된다. 이를 위해서는 문장의 구성을 알고 각 품사가 문장 내에서 있어야 하는 자리와 그 기능을 알아야 한다. 앞서도 말했지만, 외국어로서 영어를 배우는 우리의 상황에서 문장 규칙을 좌지우지하는 문법의 역할을 이해하면 더 빨리 영어를 익힐 수 있다. 문장의 가장 중요한 구성 요소인 주어, 동사, 목적어, 보어의 구성을 이해하고 그 안에 들어가는 품사를 이해하면 문장을 만들어 말하고 쓰기 쉽다. 몇 가지 문장을 예로 들어 설명하면 다음과 같다.

"The woman is a teacher."라는 문장은
주어(명사) + 동사 + 보어(명사)

'주어(명사)+동사+보어(명사)' 형태의 문장이다.

"I watch TV."라는 문장은
주어(주격대명사) + 동사 + 목적어(명사)

'주어(주격대명사)+동사+목적어(명사)' 형태의 문장이다.

"You make me happy."라는 문장은
주어(주격대명사) + 동사 + 목적어(목적격 대명사) + 목적보어(형용사)

'주어(주격대명사)+동사+목적어(목적격 대명사)+목적보어(형용사)'

형태의 문장이다.

"He made my brother a doctor."라는 문장은
주어(주격대명사) + 동사 + 목적어(명사) + 목적보어(명사)

'주어(주격대명사)+동사+목적어(명사)+목적보어(명사)' 형태의 문장이다.

거의 모든 문장은 이러한 구성 형태를 띠는데, 주어 자리에는 명사, 대명사, 명사 상당어구(명사처럼 쓰이는 형태, 여기에는 to 부정사, 동명사, 명사절 등이 들어간다)가, 동사 자리에는 동사가, 목적어 자리에는 명사, 대명사, 명사 상당어구가 들어간다.

보어는 쉽게 말하면 보충하여 설명해 주는 말로 주어를 보충 설명해 주면 주격 보어이고 목적어를 설명해 주면 목적격 보어가 된다. 그래서 명사, 대명사, 명사 상당어구와 함께 형용사까지 쓸 수 있어 그 범위가 넓다. 외국인으로서 영어를 잘하고 싶다면 우선 이런 어법용 단어에 익숙해질 필요가 있

다. 나는 초등학교에서도 이러한 접근 방식의 영어 지도가
꼭 필요하다고 생각한다. 초등학교에서 말하기 위주의 교육
과 함께 문장 규칙을 이해하는 교육을 하는 것이 아이의 중
학교 이후의 영어 공부에 지대한 영향을 미치기 때문이다.

# chapter 2
# 영어를 배울 때

A

# 01 중학교 3학년 영어 실력이면 누구나 영어로 말할 수 있다

내가 늘 외치는 말 중의 하나는 중학교 3학년 영어 실력이면 자기가 말하고 싶은 모든 의사소통은 가능하고 자신을 소개하거나 간단한 에세이 정도는 쓸 수 있다는 말이다.

지금 우리나라 교육 과정에는 초등학교 3학년부터 영어 교과가 들어가 있다. 그리고 이미 그 전에 우리 아이들은 영어를 배운다. 우리 아들은 5살부터 유치원을 다니기 시작했는데, 유일하게 영어 수업만 수업 과정에서 빠져 있었다.

물론 영어에 앞서 우리말을 바르게 사용하는 것은 무척 중요하다. 그러나 아이들에게 우리말과 다른 언어가 있다는 것을 보여 주는 것 또한 매우 중요하다. 촘스키(Noam Chomsky, 1928년~)는 어린이가 언어를 단기간에 습득하는 이유는 언어 습득이 선천적으로 프로그램화되어 있기 때문이며, 그래서 새로운 언어가 머릿속에 입력될 때 별 어려움 없이 언어를 습득할 수 있다는 언어습득장치(language acquisition device)를 주장했다. 그에 따르면 그러한 특성 중 하나로 인간만이 소리를 구별할 수 있는 능력이 있다는 것이다. 소리를 구분할 수 있는 아이에게 다른 언어의 노출은 학습이 아니더라도 유아 발달에서 호기심을 자극시켜 주는 역할을 한다. 물론 모국어 습득 이전에 외국어의 노출은 아이들에게 혼돈을 가져다줄 수 있다. 그러나 다른 말의 소리가 있음을 알려주는 것은 또 다른 넓은 세상을 귀로 만나게 되는 계기가 된다.

만 3세 정도(우리나라 나이로는 5세)면 완벽한 모국어 습득 이전이다. 그런데 이때 다른 나라 사람들의 언어가 있다는 것을 노래나 영화, TV 채널의 소리 등을 통해 조금씩 보여 주는 것은 다름에 대한 이해와 다른 문화에 대한 노출로 아이에게 긍정적인 영향을 줄 수 있다. 모국어 습득과 동시에 외국어 습득을 하는 것이 아니라 단지 세상에 여러 이웃이 존재한다는 것을 인지하게 하는 것이다. 외국어에 대한 노출은 아이에게 이제 세상을 자기중심의 '나'에서 확장된 우리, 이웃, 다른 나라 사람들에 대한 다름을 이해하게 만든다는 점에서 중요하다. 그런 점에서 아이들에게 영어는 중요한 매개체가 된다. 그런데 내 아이가 첫 번째 교육 기관에서 그런 기회를 박탈당한 것 같아 기분이 좀 언짢았다. 모국어가 가장 중요하지만, 세상을 알아가는 우리 아이들이 영어를 접하고 영어에 노출될 기회를 얻는 것 또한 중요한 일이다. 그리고 우리 나이로 5세 정도면 조금씩 영어를 들려주고 친근감을 가질 수 있는 환경을 만들어 주는 것은 당연하다.

　영어나 다른 외국어를 배우는 데 있어 노출과 활용은 언어 습득을 위한 기본 바탕이 된다. 유치원에 입학하는 5세 아이가 영어에 노출되는 것은 또래들과 함께 다른 세상을 알아갈 수 있는 확실히 좋은 기회이므로 나는 매우 중요하게 생각한다. 영어를 학습이라고 생각하는 현실이 너무 싫지만, 영어도 우리말과 마찬가지로 우선은 노출이다. 노출은 각자의 환경대로 할 수 있지만, 체계적인 환경에서 노출된다면 그 잠재력은 어마어마한 것이 된다. 나라의 교육 정책이 조금 더 긴 안목으로, 나무가 아닌 숲을 보는 교육 정책으로 발전되기를 간절히 기대한다.

사실 초등학교의 영어는 영어에 관한 기초를 만들어가는 단계이고, 영어 말하기의 두려움을 극복할 수 있는 기회를 제공한다.

교과서에서 초등학교 시기는 문장 규칙보다 패턴화된 문장으로 이루어진 말하기 위주의 생활 영어가 주로 나타나고, 중학교 교과서부터 입시의 중압감과 함께 다양한 어휘와 문장 규칙이 문법이라는 이름으로 등장한다. 고등학교 영어는 중학교 문법 규칙에서 발전되어 좀 더 긴 문장과 함께 많은 어휘가 동반되어서 복잡하고 어렵게 느껴질 수 있다. 사실 영어의 기본 문법은 중학교 때 모두 나오기 때문에 그 시기의 문법 관리는 확실하게 짚고 넘어가야 한다. 또한, 문법을 공부하면서 반드시 읽기가 병행되어야 더 탄탄한 영문법을 완성할 수 있다. 중학교 영어는 실제로 짧으면서도 실용성 있는 문장들이 많이 나오기 때문에 조금만 관심을 가지고 배우면 누구나 잘할 수 있다.

영어를 잘하고 싶은 초보자라면 우선 영어 회화를 먼저 공부하는 것보다, 중학교 1학년, 2학년, 3학년 영어 교과서를 공부하는 것이 좋다. 그렇게 하면 회화와 함께 어법 규칙에 맞는 짧은 글도 읽어 볼 수 있어서 일거양득이다. 더 나아가, 이것은 나중에 영자 신문이나 영어 소설도 읽을 수 있는 토대를 만들 수 있다. 그래서 영어를 제대로 배워 보고 아이들과 눈높이의 영어 대화를 원하거나 여행하며 자유롭게 자신의 생각을 말해 보고 싶다면 중학 영어 공부 방법을 강력하게 추천해 주고 싶다. 'Basic international communication skills(BICS, 기본적이고 국제적인 의사소통 기술)'은 교육 수준이 높은 우리나라 사람들에게는 그다지 어려운 벽은 아닐 듯싶다. 그러나 영어를 틀리고 맞고, 즉 정답에 너무 의존하거나 말하는 것을 창피하게 생각해서 꺼린다면 영어는 영영 말할 수 없는 남의 나라 언어가 될 뿐이다. 우리 아이들에게 새로운 미래와 더 많은 경험을 구축하고 선택할 수 있는 기회는 인공지능을 통한 대화가 아니라 인간 대 인간의 감성적 만남으로 이루어져야 하고 이것이야말로 21세기 세상에서 더 중요한 가치로 대접받을 것이다. 어린이는 자신의 미래를 꿈꾸며 영어를 말하고 어른들은 한 번 배워본 경험으로 다시 한번 영어를 활용해 보며 서로를 응원하는 것도 의미 있는 일일 것이다.

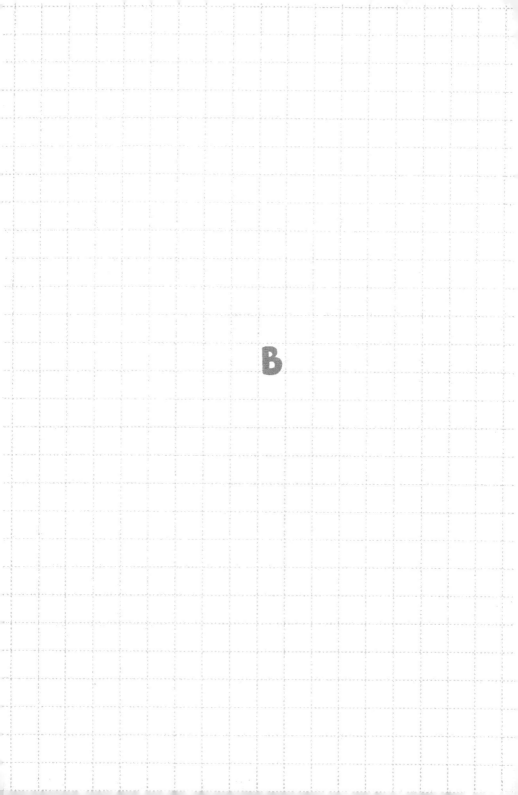

## 02 영어는 리듬어이고 강세는 생명이다

영어는 리듬어이고 강약이 있기 때문에 억양과 발음이 무척 중요하다.

영어의 강세는 단어뿐만 아니라 구와 문장에서도 존재하므로, 강세에 대한 기본적인 이해가 없으면 영어를 듣거나 말하기가 힘들어진다. 또한 영어는 리듬어인만큼, 영어의 연음 현상 또한 즐겨 들으면서 익숙해져야 한다. 우리말은 처음부터 끝까지 강세나 특이한 억양 변화 없이 발화하는데,

영어와는 대조적이다. 영어에서 강세는 억양, 연음, 탈락을 만들어내고 또 강세가 없는 곳에서도 연음, 탈락 등의 까다로운 조건들이 함께 범벅되어 하나의 대화 문장에 스며들어 있기 때문이다.

영어는 문장에서도 강세를 받는 내용어와 강세를 받지 않는 기능어로 나뉜다. 내용어로는 대부분 동사, 명사, 형용사, 부사 등이 포함되고 기능어로는 전치사, 대명사, 접속사 등이 포함된다. 사실 우리 귀에도 내용어가 더 잘 들어온다. 기능어는 받아쓰기할 때 문법 규칙을 계산해서 쓰거나 대략 어휘를 추측해 쓸 수도 있다. 또 섀도우 리딩(shadow reading)을 여러 번 하다 보면 살짝 들리기도 한다. 나는 개인적으로 섀도우 리딩을 무척 좋아하는데, 이것은 들리는 것을 그림자 밟기처럼 따라서 말하는 것을 의미한다. 영어 듣기에서 듣고 이해하는 능력과 어휘력 향상, 말하기에서 속도에 맞춰 말하는 능력과 유창성의 실현, 그리고 발음과 강세의 모방을 통한 정확성을 기르는 데 섀도우 리딩만 한 학습 효과는 없다.

섀도우 리딩을 하려면 처음 들을 때 절대 읽기 내용을 보고하면 안 된다. 그 방법을 순서대로 요약하자면 다음과 같다.

첫째, 책이나 대본을 보지 않고 2~3번 정도 무작정 들으며 들리는 대로 따라 말한다. 최초 문장의 앞 단어가 끝나자마자 바로 최초 단어를 따라 말해야 한다.

원어민: "I think you get up at 6 every morning."

　　나: "-I think you get up at 6 every morning."

그러면 맨 마지막 단어는 거의 동시에 끝난다.

둘째, 책이나 대본을 보면서 들을 때 놓쳤던 단어나 문장을 표시해 둔다.

셋째, 다시 대본을 보지 않고 따라 말한다.

넷째, 처음부터 끝까지 완벽히 따라 말하기가 될 때까지 반복해서 연습한다.

반복해 따라 말하기를 해 보면 유창한 영어 문장을 구사하는 것처럼 재미있고, 실제로 듣고 말하기 능력이 놀랄 만큼 발전한다. 리듬어인 영어를 따라잡기 위해서는 강세와 억양을 흉내 내듯 따라 해 보는 경험이 큰 도움이 된다.

영어 문장에서 "How/are\you?", "What's your/name?"과 같은 육하원칙(When, Where, Who, What, How, Why)의 질문들은 마지막 음절의 끝이 미세하게 뒤로 내려간다. 그러나 소위 'Yes, no' 의문문에서는 마지막 음절의 소리가 올라간다.

영어를 많이 듣고 따라 해 보면 이렇게 말하는 사람이 우

스워지지만, 우리는 외국인으로서 배우는 입장이니 기본적
으로 알아두면 좋을 것이다.

"Is this your/pencil?", "Are you a/teacher?", "Do you like/apples?"

의문문이 아닌 평서문이라 할지라도 "This is a/window."의 마지막 음절을 올릴 경우, 그것을 의문문으로 가늠할 수도 있다. 강세를 말하다 보니 강세 때문에 원어민이 잘못 알아들었던 내 경험이 생각난다. 원어민과 대화하다가 내가 'compromise'라는 단어를 말했는데, 그는 잘 이해가 안 간다는 표정으로 의아해했다. 철자를 써 주니 그는 'compromise'라며 나의 강세를 고쳐 주었다.

1990년대 초, 모 회사의 침대 광고에 이런 문구가 나왔다. "침대는 가구가 아니라 과학입니다."

한참 그 광고가 유행했을 때는 어느 학교의 시험 문제 중 '다음 중 가구가 아닌 것을 찾으라'는 문제가 나오자 많은 아이가 '침대'로 답을 표시했다는 웃지 못할 일도 있었다. 이렇듯 매체의 힘은 아주 강력하다. 그런데 영어에서도 그런 경험이 있을 수 있다. 나는 영어를 지도하는 입장이기 때문에 어디에 가도 영어 표지판과 안내문에 관심을 갖는다. 하물며

선생님! 말로 하세요

TV를 통한 광고엔 더 민감한 편이다. 그런데 어느 날 TV에서 술 마신 뒤 빠른 회복을 위한 음료가 광고로 방영된 적이 있다. 그 음료의 이름은 'condition'이었다.

'condition'의 강세는 2음절인 'I'에 있다. 그런데 그 광고에서는 'condition'의 강세가 1음절에 있는 것처럼 광고를 만들었다. 그 광고를 보고 영어에 조금만 관심을 가지고 광고를 만들었더라면 하는 아쉬움이 있었다. 우리는 영어를 제2 외국어로 배우고 있기 때문에 사소한 것에서도 정확성을 가지고 접근하는 것이 좋다. 이러한 방법이야말로 영어를 배우는 학생들이나 어른들이 혼동하지 않을 수 있는 바람직한 방법이 될 수 있다고 생각한다.

## 03 아밀라아제, 아밀레이스, 그게 뭐예요?

어느 날 신문에서 우연히 과학 용어에 대한 칼럼을 읽은 적이 있다. 이러한 용어에 민감한 나는 한참을 읽어 보았다. 그 내용은 이러했다. 현재 중학교 과학 교과서에는 사람의 침샘에서 녹말을 분해하는 소화 효소를 '아밀레이스(amylase)'라고 표기하고 있다는 것이었다. 내가 중학생이었던 시절에는 정말로 해당 효소를 '아밀라아제'로 배운 기억이 있다. 그

때는 그것이 독일어인지 영어인지 별 관심 없이 그저 외우기에 급급했다. 그런데 예전에 토플 공부를 하다 보니 학명이 모두 내가 알고 있던 단어와 달라 놀랐던 적이 있다. 왜 그랬는지 무척 궁금했는데 신문을 읽어보니 이해가 갔다. 일본 강점기 때의 관행을 따랐을 것이라고 나름대로 추측은 했지만, 신문 칼럼에서는 꼭 그런 것은 아니라 독일 학자들이 처음 발견한 효소이기 때문에 명칭의 선점 원칙에 따라 그동안 독일어 발음을 존중해 왔다고 한다. 그러나 그렇더라도 우리 학생들의 현실을 조금만 이해하고 우리의 영어 환경을 감안했다면 좀 더 실리적으로 공부할 수 있도록 하지 않았을까 싶었다. 영어와 독일어 학명이 실생활에서 같이 혼용되어 쓰인다면 일반인들도 소통에 어려움이 있을 수 있고 더군다나 영어를 배우는 우리 학생들도 이중으로 알고 있어야 하니 불편이 이만저만이 아닐 것이다.

가뜩이나 공부량이 많은 중·고등학생들에게 독일어식으로 지도하고 정작 대학에서 공부하는 학명으로는 영어를 사용했다는 사실은 참으로 아이러니하다. 만약 중·고등학교 시절에 영어로 된 학명을 익혔다면 최소한 수능이나 토플에서 이를 다시 외우고 공부해야 하는 이중고는 줄어들었을 것이다.

대학에서 해당 학문을 전공하는 학생들은 독일어로 알든 영어로 알든 그들의 전공 분야이기 때문에 상관이 없지만, 중·고등학생들이 딱하다는 것이다. 아무리 변화하는 세상에 발빠르게 대처하지는 못한다 해도, 일제 치하 시절부터 100년의 세월이 흐르고 난 뒤에야 국제 학명으로 일반화된 용어를 바꾸어 쓴다는 것은 참으로 유감스러운 일이다.

어찌 됐든 일본 강점기 시정 일본 교과서를 통해 들어온 독일 발음인 '아밀라아제'가 2009년에서야 국제 학명인 '아밀레이스(amylase)'라는 영어 발음으로 변경되었다니 이제라도 다행이라는 생각이 든다.

학계의 주장도 중요하겠지만, 실리적인 이유로 우리가 영어를 사용한다면 얼마든지 영어를 가깝고 익숙한 것으로 받아들여 자신 있게 사용할 수 있을 것이다.

2013년에는 화학 원소 이름이 독일식에서 영어식으로 바뀌었다. '요오드'는 '아이오딘(iodine)', '망간'은 '망가니즈(manganese)', 이 밖에 음식을 할 때 많이 쓰는 부탄가스의 '부탄'은 '뷰테인(butane)', 온실가스의 주범인 '메탄'은 '메테인(methane)'으로 변경되었다.

어린 학생들에게 전문용어라고 해서 다른 언어에 대한 부담을 주면서 지도하기보다는 우리나라에서 더 많이 사용되고 국제학명으로 나와 있는 영어식 명칭을 표준어로 사용하는 것이 학습의 혼란을 막을 수 있는 방법이라고 생각한다.

선생님! 말로 하세요

D

# 04 어떻게 하면 영어를 잘할 수 있을까요?

내가 영어를 가르친다고 하면 가장 많이 받는 질문 중의 하나가 바로 이 질문이다. 뻔한 질문이다.

어떻게 하면 영어를 잘할까요? 잘하려고만 하니 영어가 입에서 나오기 힘들다. 그냥 내가 아는 영어를 몸짓, 발짓과 함께 틀리는 것에 대한 부담 없이 할 수 있으면 영어를 잘할 조건이 갖춰져 있는 것이다. 그리고 나서는 우선 우리나라에서 영어를 배울 수 있는 상황을 먼저 생각해 보아야 한다. 앞서 말한 바와 같이 내가 항상 중요하게 생각하는 것은 우리의 현실이다. 즉, 우리는 영어를 외국어로 배우기 때문에 그 조건을 만족하는 방법을 찾아야 한다. 우리의 상황은 EFL(English as a foreign language, 외국어로서의 영어) 상황이다. 이런 상황에서의 영어는 제한된 장소에서만 쓰이고 일상에서는 쓰이지 않는, 그냥 외국어로서의 언어일 뿐이다. 그러나 다른 나라의 언어가 모두 우리에게 외국어로 인식되는 것과는 달리, 영어는 학교 교육 과정에서 주요 과목으로 다루어져 우리가 조금 더 관심을 가진다는 것이 다른 외국어와의 차이일 뿐이다. 우리는 영어 학원이나 영어 수업 중이 아니라면 영어를 사용할 일이 없기 때문에 영어 몰입 교육을 하는 것은 상당히 제한적이다.

다른 경우는 ESL(English as a second language, 제2 언어로서의 영어) 상황이 있다. 이것은 모국어가 따로 있지만, 모국어와 함께 일상적인 대화를 영어로 사용하는 환경을 말하는 것으로 인도, 필리핀, 싱가폴 등의 국가가 그 예다. 이들 국가는 영어 상용화의 나라로 어디나 대부분 일상 영어 대화가 가능하다. 이처럼 이러한 환경을 먼저 이해하고 우리가 어떻게 영어를 배우고 익힐 것인가를 생각하는 것이 중요하다. ESL 상황보다는

EFL 상황에서 영어를 배우는 데 훨씬 시간과 비용이 더 많이 들어갈 수밖에 없다. 그러면 좀 더 시간과 비용을 아낄 수 있는 방법을 알아보아야 한다. 이것은 개인마다 영어를 받아들이고 이해하는 데 저마다의 방법으로 접근해야 할 필요가 있다는 이야기와도 일맥상통한다. 학교나 학원에서 이루어지는 영어는 그냥 영어 학습의 일부일 뿐 그다지 오래 가지 않는다. 그런 영어는 단지 상급 학교로의 진학과 취업을 위한 도구일 뿐, 그 상황이 종료되면 더 이상 유용하지 않고 그저 추억 속 학창 시절의 교과목으로 전락할 뿐이다.

우리의 상황이 EFL 상황임을 알았으니 이제 어떻게 해야 영어를 효율적으로 살려낼 수 있을지 알아보자.

**첫째**, 영어 공부를 잘하려면 먼저 자신감이 필요하다.

많은 활동이 자신감과 밀접한 관련이 있는 것은 분명하다. 이를 통해 얻는 자기 효능감은 자기 인생의 많은 부분을 행복하게 만들어 주기 때문이다. 우리는 한국어를 잘한다는 자신감은 있다. 영어는 외국어이고 습득에 많은 시간이 소요된다. 그 때문에 우리는 영어를 잘하지 못하는 것을 당연하게 받아들이고 실수를 두려워하지 말아야 한다. 우리가 학창 시절에 영어를 배운 시간은 몇백 시간에 지나지 않는다. 모국어가 완성되기까지 듣고 말하기에 노출되는 시간은 약 1만 1,680시간이 필요하다고 한다. 우리가 고작 몇백 시간으로 영어를 잘하리라고 기대하는 것은 지나친 욕심일 뿐이다. 이런 생각을 가지고 영어를 시작한다면 창피할 것이 없다. 그렇게 배짱을 가지고 있다면 이제는 꾸준히 늘 공부할 수 있는 여건을 만들면 된다.

그런데 우리나라와 같은 여건에서는 영어를 꾸준히 공부하기가 쉽지 않다. 그 때문에 영어 학습 환경을 스스로 만들어 놓고 매일 영어에 노출시키는 방법을 생각해야 한다. 나도 영어를 가르치고 수업에서 되도록 영어를 사용하지만, 사실 가르치는 수준이 그리 높지 않아서 스스로 자기 계발을 하지 않으면 금세 그 감각이 떨어진다. 매일 듣고 읽고 말하고 쓰기를 공부하면 좋겠지만, 나조차도 그렇게 하기는 힘들다. 하지만 마음먹고 영어를 공부하려 한다면 매일매일 꾸준히 영어를 접하고 사용하는 것이 좋다. 또 일정 수준이 되면 다소 감퇴했던 실력도 금방 향상된다. 그러나 영어를 사용하지 않는 기간이 길어질수록 줄어든 실력을 되돌리는 것이 힘들어진다.

**둘째**, 꾸준히 즐길 수 있도록 매일 20~30분씩 투자해 문장을 읽고 하고 싶은 말을 문장으로 만들어 본다.

'꾸준히'라는 말처럼 정말 어렵고 힘든 상황은 없다. 매일 한 문장이라도 배운 문장을 일상에서 활용해 보고, 내가 하고 싶은 이야기 중 몇몇 단어를 영어로 생각해 보고 이를 표현해 보는 것은 무척 중요하지만, 한편으로는 힘든 일이기도 하다. 그러나 확실한 결과가 보장된다.

매일 하기 힘들다면 한꺼번에 몰아서 해도 된다. 다만 그러한 기간이 길어지면 곤란하다. 많은 방법이 있겠지만, 인터넷을 추천한다. 인터넷에는 활용하면 유용할 만한 표현과 단어들이 널려 있다. 영어를 처음 배우는 것처럼 새롭게 배우고 싶다면 중학교 교과서나 EBS 중학 영어 교재를 준비해서 대화 연습과 섀도우 리딩(Shadow reading, 곧장 따라 말하기)을 병행하며 욕심내지 말고 천천히 공부한 뒤, 어느 정도 자신감이 생기면 학원이나 화상 영어를 통해 영어를 직접 말해 보는 것이 좋다. 무턱대고 학원 등록이나 화상 영어부터 시작하면 스스로 좌절하고 말하기에 영영 재미를 못 느낄 수도 있기 때문에 어느 정도 기반을 만들어 놓은 후 대화가 가능하도록 하는 것이 스스로를 발전시키는 데 도움이 된다. 그렇게 기본을 쌓아가면서 어느 정도 말하기에 자신이 있는 사람은 자신이 관심 있는 분야에 대해 뉴스나 읽을거리에서 그 내용을 찾아 읽어 보고 자신의 생각을 정리하면서 말해 보는 연습이 필요하다. 토익 스피킹이나 오픽 교재로 공부하면서 말하기 방법과 생각의 표현을 확장하는 것이 좋다. 또는 유튜브(YouTube)에서 'khan academy'의 영어 프로그램도 들을 만하다. 어법에 맞는 말을 하는 것은 당연한 것이기 때문에 기본 문법을 활용해 말하기를 연습해야 한다. 어법에도 맞으면서 말하기의 선, 후 내용도 중요하기 때문에 결론을 내고 설명을 할지 아니면 몇 가지로 설명을 하고 결론을 나중에 말할지 등을 결정하는 것이 말하기에서는 중요한 초점이 된다. 영어를 잘하는 것은 몇 시간, 몇 달 만에 완성되는 것이 아니다. 그래도 꾸준히 이어가는 노력과 스스로 하고자 하는 열정이 있다면 꼭 성공할 수 있다.

선생님! 말로 하세요

E

# 05 우리 아이 영어!
# 어떻게 시작할까요?

아이들은 우리나라 나이로 세 살 정도 되면 자기의 의사소통은 간단하게 하기 시작한다.

엄마, 아빠, 할머니, 물, 밥 등의 용어를 자기만의 단어로 표현하기 시작하는데 이때부터 영어에 살짝 가까이 다가갈 수 있다. 물론 그전에도 영어 노래를 감상하는 것은 얼마든지 좋다. 두 단어, 세 단어로 말하는 시기인 대략 만 2세 정도가 되면 엄마와 아빠의 역할이 좀 더 중요해진다. 노래를 틀어 놓고 듣기만 하는 것이 아니라 따라 해야 한다. 유창하게 따라 하면 좋겠지만 그러지 못할 때는 반복되는 부분이나 소리가 재미있는 부분이라도 따라 하면 된다. 그러면 아이도 어느새 따라 하게 된다. 우리 부모님들은 발음에 민감하다 보니 자꾸 아이를 지적하게 되는데 그건 금물이다. 모국어도 만 시간 이상 노출되어야 어지간한 문장으로 말할 수 있는데, 이제 한두 번 들었던 노래의 발음을 운운하는 것은 아이에게 스트레스만 가중시킬 뿐이다. 그보다는 함께 놀아 주는 엄마나 아빠도 재미있어서 반복하고 있다는 것을 보여 주는 것이 중요하다.

영어가 다른 소리임을 느끼게 하고 재미있다는 것을 보여 주고 알려 주어야 한다. 아이도 한 번 따라 노래하거나 흥얼거릴 수 있는 분위기만 만들어 주면서 가끔 알파벳을 보여 주는 것이 좋다. 나는 우리 아이가 다섯 살 때 알파벳 노래를 다 외워 부르게 했지만, 발음은 그저 엇비슷하게 들릴 뿐이었다. 그래도 아이가 재미있게 불렀던 것 같다. 강요도 금물이고 아이가 하기 싫어하면 과감하게 영어 노래나 그림책, 플래시 카드 등도 접어두는 것이 좋다. 일부러 유도하는 것은 안 하는 것만 못하다. 아이가 우리말을 할 때까지 우리가 안달복달하지 않았던 것처럼, 기다려 주는 것이 중요하다. 아이가 6, 7세가 되면 과일, 내 몸, 숫자 색, 가족, 쉬운 일상 용품 같은 약간의 단어들을 익힐 수 있도록 도와준다.

'파닉스(Phonics)'[2]를 먼저 배우기보다 영어 단어 'milk', 'cheese', 'potato', 'cucumber' 등 일상에서 우리가 쓰는 단어들을 아이들에게 알려 주고 써먹어 보는 것이 좋다. 많은 단어의 경험은 아이를 영어 세상에 한 발 더 깊숙하게 다가갈 수 있도록 돕기 때문에 나는 개인적으로 무척 필요한 일이라고 생각한다.

자주 보는 단어들을 '사이트 워드(sight word)'라고 한다. 아이가 단어를 알게 되었을 때 이런 단어들을 조금씩 알려 주고 이 단어들을 활용해 빙고 게임이나 스크래블(scrabble) 게임 같은 것을 하면 아이가 단어를 즐겁게 익힐 수 있다. 또한, 유튜브(YouTube)에는 무궁무진한 자료들이 있다. 영어는 우리 말처럼 익힐 수 있는 환경이 아니기 때문에 부모님의 영어에 대한 관심과 인내가 무엇보다 중요한 시기다.

초등학교 들어가기 전까지 아이가 26개의 알파벳 대, 소문

---

2   파닉스(phonics): 글자와 소리와의 관계를 배우는 교수법.

자는 다 알고 학교에 들어가는 것을 원칙으로 한다. 이때도 생활 속의 영어를 적극적으로 활용한다. 우리는 영어 글자의 홍수 속에서 사는 만큼, 지상파 TV 채널명인 'MBC', 'SBS', 'KBS'를 비롯해 종편의 'JTBC', 'tvN'부터 대소문자를 섭렵하도록 유도한다. 그 외에도 'No-smocking', 'toilet', 'bus' 등의 간판을 통해 아이를 알파벳에 사정없이 노출시킨다. 아이가 초등학교 1, 2학년이 되면 사이트 워드(sight words)와 함께 짧은 한 문장이 비슷한 패턴으로 반복되는 책이나 노래로 된 CD를 도서관에서 빌려서 아이에게 자주 보여 주고 들려준다. 이때 손으로 단어를 짚어 가며 따라 읽어볼 수 있도록 하면서 자주 보는 단어들의 수가 늘어날 수 있도록 관심을 가지고 아이와 함께 읽어 나가는 것이 중요하다. 뜻은 동사와 명사 위주로 알려 주며 이야기해 준다. 알려줄 때도 동사는 "~다."로 끝나는 말로, 'read(읽다)', 'eat(먹다)', 'sleep(자다)'이라고 정확하게 알려 주고, 형용사는 대개 "~ㄴ"으로 끝나는 말인데 'big(큰)', 'small(작은)', 'good(좋은)'이라고 정확하게 알려 주는 것이 좋다. 명사는 물건의 명칭이니 그때그때 알려 주면 된다. '동사', '형용사', '명사'라는 품사의 이름까지 알려 줄 필요는 없다. 단지 정확한 뜻으로 단어의 서로 다름을 알려 주면 된다. 그러면서 아이는 자연스럽게 음가를 익히게 되고 눈에 띄는 단어는 예전에 본 것을 기억하기도 한다. 물론 이때도 결코 학습으로 이어지도록 확인하면서 물어보면 안 된다. 그저 재미로 그냥 반복되는 단어니까 엄마가 짚어 보며 "똑같네. 어디 또 있나?" 하면서 그저 재미로 시작해야 한다. 'a small book'처럼 'small'이 또 나오면 'a small car', 'a small dog' 등으로 응용해서 알려 준다.

초등학교 3학년의 경우 교과서가 알파벳부터 시작하는데 '이름 말하기', "What's this?"의 '사물 묻고 대답하기', '생일 축하 말하기', '숫자 10까지 수 말하기', '색깔 말하기', '좋아하는 과일 말하기', '날씨' 등 아주 기초적인 주제들로 이루어져 있다. 이러한 내용들은 아이가 이미 유치원 때 접했던 부분들이다. 따라서 몇몇 아이에게는 지루한 과정으로 생각될 수 있다. 아이가 초등학교 3학년이 되면서부터는 두세 문장으로 구성된 이야기를 읽고 간단한 단어들을 쓸 수 있도록 해야 한다. 부모님과 함께 책에 나온 배경 그림들을 보며 '나무가 몇 그루인지', '날씨는 어떤지', 'ㅇㅇ은 무슨 색깔인지?', '동물이 나오면 영어로 무엇인지' 등에 관해 이야기해 보면 더욱 좋다. 더구나 이렇게 알게 된 단어들을 생활 속에서 사용하면 장기 기억으로 저장할 수 있을 뿐만 아니라 영어를 내 뼛속의 모국어처럼 익힐 수 있는 기회가 된다. 초등학교 4학년부터는 나오는 단어가 다양해지고 영어의 변화형이 나온다. 'ing 형태'와 과거동사까지 나오기 때문에 학습으로서의 영어를 준비해야 한다. 개인적인 바람으로는 이때부터 아이들이 닥터(Dr.) 수스(Theodore Seuss Geisel, 1904~1991년)의 스토리북 정도는 가볍게 읽고 이해할 수 있었으면 한다. 이때부터는 독서다운 영어 읽기가 시작되어야 하는 시점이 된다. 요새는 유튜브를 통해 많은 스토리를 원어민의 음성으로 얼마든지 듣고 볼 수 있다. 영어 환경을 만들어 주고 함께 영어를 사용하면서 영어에 대한 친근감을 익히고 자신감을 느끼게 하는 것이 언어를 즐겁게 배워 사용할 수 있는 기반을 만들어 준다. 초등학교 3, 4학년이 되면 일주일에 2시간의 영어 수업(80분)이 진행되는데 우리나라의 EFL 상황에서 2시간의 영어는 영어를 신장시키는 데 큰 도움이 되지 않는다. 도움이 되기 위해서는 교과 내용을 학생들이 수시로 확인할 수 있어야 하고 우리 학교 영어뿐만 아니라 다른 학교의 내용도 함께 교차하여 학습할 수 있도록 하는 시스템의 구축이 필요하다고 본다. 우리는 너무 영어를 배우는 교과서로만 한정 짓는데,

이는 더 큰 문제가 있는 것 같다. 공교육에서 가장 아쉬운 부분은 영어에 관심을 가지지 않고 그저 기존의 틀을 비꾸고 싶어 하지 않는다는 타성에 젖어 있다는 부분이다. 영어를 오랫동안 지도해 오고 노하우를 가진 사람들을 모아 아이디어를 모으면 분명 하나의 눈부신 결과를 가져올 텐데 답보만 하는 현실이 안타까울 따름이다.

다른 교과도 비슷할지 모르겠지만, 우리나라 영어 교과서 1년 과정의 차이는 무척 크다. 5학년이 되면(물론 필자는 4학년부터 명사, 형용사, 동사의 구별을 조금씩 지도해 왔다) 아이들이 문장 구조에 관심을 가지고 패턴화된 대화를 융통성 있게 만들 수 있어야 한다. 이제 조금씩 대화다운 영어 대화가 출현하기 시작한다. 동사의 과거형(규칙, 불규칙)이 나오고, 길 안내, 일과, 외모 묘사, 미래형으로 표현하기 등이 교과 과정에 나온다. 문장도 조금 길어지고 외워야 할 단어가 많이 늘어난다. 3, 4학년 때 단어를 외우지 않았던 아이들은 5학년으로의 적응을 버거워한다. 단어를 읽지 못하는 아이들도 가끔 만나는데, 그것은 교과 학습에 치명적인 결과를 초래한다. 읽지 못하니 흥미가 떨어지고 자신감도 없어진다. 초등학교 교과서는 관심 있는 학부모라면 누구나 다 지도할 수 있다. 비싼 사교육을 시킬 필요도 없다. 간혹 영어는 나중에 해도 된다는 부모님이 계시는데, 영어는 누적학습이다. 초등학교 시절의 공부는 자신감의 원천이고 주변으로부터의 인정이 자기 효능감을 높여 준다. 그리고 앞으로도 잘할 수 있다는 자기 확신을 만들어 가는 시기다. 그러므로 학년에 맞는 실력을 갖추도록 아이를 이끌어서 자신감을 가지고 도전하도록 해야 한다. 영어의 반은 단어 외우기가 차지한다.

단어 외우기가 되어야 문장 규칙과 패턴 드릴(똑같은 형태의 문장에 단어만 바꿔서 말하는 연습 방법)과 같은 어법이 구체화될 수 있고 이를 통해 영어를 쉽게 이해할 수 있다. 5학년이면 아이들이 영어의 문장 규칙을 이해하고 규칙대로 말하고 생각하는 태도가 몹시 필요하다. 그냥 교과서에 나온 내용 말하기 위주로는 앞으로 성장할 영어를 충분히 뒷받침시켜 줄 수 없다. 영어는 수학만큼 기초를 다지는 데 많은 시간이 필요하진 않다. 문장 규칙을 문장과 함께 이해하고 단어를 꾸준히 외우고 있다면, 초보자는 2년 정도의 시간이 걸리고 기본이 되어 있으면 1년 정도만 공부하면 말하기의 기본을 만들 수 있다. 수능을 대비한다면 까막눈부터 3~4년의 세월을 들이면 누구든 능히 해나갈 수 있다. 그러니 중학교 때 시간을 조금이라도 벌어두기를 원한다면 영어 문장 규칙과 단어 외우기, 문장 읽기의 삼중 과정은 최소 5학년 때부터 시작하는 것이 좋다. 문장 읽기는 3학년부터 조금씩 시작하는 것이 좋다. 다만 학습 습관을 만들고 싶거나 5, 6학년의 시간을 아끼고 싶다면 3가지 과정을 저학년부터 시작해도 상관없다. 그러나 그렇게 한다면 아이가 영어를 어렵게 느낄 수 있기 때문에 다양한 방법으로 지루하지 않게 이어가야 한다. 초등학교 6학년이 되면 교과 과정에 영어의 문장 규칙이 뚜렷이 나타나고 살짝 복잡해 보이기까지 한다. 내가 가르치는 교과서의 1과에는 "My favorite season is spring."이라는 주제가 나오고 이 문장에 대한 대답을 위해 "What's your favorite season?", "What season do you like the most?"의 문장으로 물어야 한다. 여기에는 계절만이 아니라 'food', 'fruit', 'color' 등의 기호에 관한 질문들을 더해 문장을 확장해 가며 대화를 만들어 갈 수 있다. "What are you going to do this weekend?"와 같은 질문과 "I'm going to visit my grandparents."의 대답에서 보듯 이 시기의 교과 과정은 다양한 동사의 활용을 끌어내도록 하고 있다. 많은 패턴화된 대화의 구성을 통해 아이들은 문장을 말하고 익혀 간다.

그래서 문장 만들기를 위한 기본 구성을 이해해야 하고 동사
와 형용사 명사의 기본 품사는 반드시 기억하고 있어야 한다.

선생님! 말로 하세요

## 06 초등학교 이후의 영어는
## 어떻게 유지하고 발전시킬까요?

초등학교 영어는 아이들의 흥미와 호기심을 유발하는 방법으로 교수 학습이 진행된다. 요즘에는 학교에서의 시험도 사라져 그야말로 재미 위주의 영어 수업이 되고 있다. 물론 수행평가가 있지만, 평가 내용이 너무 쉬워서 변별력은 거의 없다. 가끔 보는 단어와 문장 시험은 공식적인 평가에 들어가지 않기 때문에 아이들의 평소 실력 확인용으로만 반영할 뿐이다. 따라서 아이들의 초등학교 때 영어 실력은 교과서에 나오는 단어와 문장을 완벽하게 읽고 쓸 수 있는 정도는 되어야 한다. 그래야만 중학교에서의 영어 수업을 자연스럽게 따라갈 수 있고 올라가는 학년만큼 복잡해지는 영어 과목을 안정적으로 이끌어 나갈 수 있다. 우리나라는 입시 영어가 중등 영어의 전부이기 때문에 중학교부터는 다양하게 많이 읽고 이해하는 영어에 집중해야 한다.

들기도 학년이 높아질수록 내용이 길고 어려워지기 때문에 결코 소홀히 할 수 없다. 나는 앞서도 말했지만, 영어를 들으면서 말하는 방식으로 섀도우 리딩(shadow reading)을 적극적으로 추천한 바 있다. 이는 들기뿐만 아니라 말하기와 어휘 능력이 폭발적으로 발전할 수 있는 방법이기 때문이다. 그래서 나는 이 방법을 강력하게 추천했다. 섀도우 리딩 (shadow reading)이 잘 된다면 모든 들기는 한 번에 해결되고 말하기까지도 자신 있게 할 수 있다. 처음엔 한두 문장을 따라 하는 데 단어를 많이 놓치게 될 수도 있다. 그렇더라도 절대 중간에 포기하지 말고 끝까지 따라 말해 보는 것이 중요하다. 자꾸 단어를 놓치고 잘 안 되어 답답하다면 문장을 보고 익힌 후 다시 따라 해 본다. 그러나 그냥 들은 대로 따라 말해 보고 문장을 확인하는 것이 훨씬 더 큰 도움이 된다. 완벽히 따라 할 수 있을 때까지 반복하면 원어민의 발음과 내 발음의 비교는 물론이고 억양과 발음의 강약 그리고 말하기의 속도까지 완벽하게 익힐 수 있다. 이렇게 듣기를 공략한다. 읽기는 우리가 책을 읽듯 덮어 놓고 많이 읽는 것이 좋다. 그런데 그냥 읽기에만 집중하면 오래가지 못한다. 실제 이야기나 실생활과 관련된 상식을 넓힐 수 있는 읽기 교재가 좋다.

원서로는 『True story』, 『All about the USA』 등을 추천하며 그 외에도 시중에 나와 있는 학년별 각종 독해집을 구입해서 꾸준히 읽어 주는 것이 좋다. 물론 CD가 들어 있어 섀도우 리딩(shadow reading)까지 할 수 있다면 금상첨화다. 원래 언어는 듣기에서 말하기로, 그리고 읽기가 되면 마지막에는 쓰기로 완성된다. 어떤 언어일지라도 수없이 많은 듣기를 통해 말하기를 연습하고 단어와 문장을 많이 읽어 둔다면 쓰기는 덤으로 완성된다. 개인적인 생각으로는 말하기 능력의 3분의 2 정도만 쓰기로 표현되는 것 같다. 다시 말해 말하기가 유창해야 쓰기도 잘 표현할 수 있다는 것이다. 고등학교는 대학교를 목표로 공부하는데, 다른 과목도 마찬가지일 수 있겠지만 영어는 이미 대학생이 되어서 배워도 됨직한 높은 수준의 단어들이 모의고사, 또 수능시험에 종종 등장하는 걸 본다. 50분 동안 풀어야 하는 수능 읽기 지문은 고교 영어 검정교과서를 바탕으로 대략 4,000개의 단어로 도배되어 있다. 이는 분당 130~200개의 단어를 읽는 속도로 읽어야 하는 수준으로, 미 고교생들이 읽는 교재의 난이도와 비슷한 수준이라고 한다. 제2 외국어를 배우는 우리가 원어민 수준의 읽기를 해야 하는 것이 학생들에게는 큰 부담이 될 수밖에 없다. 그래서 죽자사자 단어를 외우며 문법적으로 문장을 분석하고 읽는 연습을 매일매일 반복해야 하는 지독한 영어 공부가 반복되는 곳이 고등학교 영어다. 말하기는 아무 짝에도 쓸모없는 천덕꾸러기가 되었다가 취업 시즌이 되면 영어 말하기를 열심히 외워서 준비할 때 쓰인다. 영어를 공부하면서 내가 깨달은 점은 계단식으로 발전하면서 순환되는 것이라는 점이다. 모든 어휘는 반드시 반복되어 어느 문장에서건 등장하고, 한참 계단을 올라가듯 꾸준히 실력이 성장하다 어느 순간 올라가지 않고 평지에서 제자리걸음을 할 때가 있다. 슬럼프다. 사람에 따라 슬럼프 기간이 길고 짧을 수 있지만, 모든 사람에게 영어 슬럼프는 몇 번씩 찾아온다. 그럴 때는 조급하게 생각하지 말고 쉬어가는 느낌으로 그

　　　　　　　　　　　　　　　선생님! 말로 하세요

끈을 놓지 않는다면 어느새 나의 실력은 빛을 발하게 된다. 긴 안목으로 계획하고 꾸준히 공부한다면 반드시 영어를 내 편에 묶어 둘 수 있다. 우리는 EFL 상황에 있다는 것을 명심하고 항상 영어로 생각하고 말하고 듣기를 즐겨 하자.

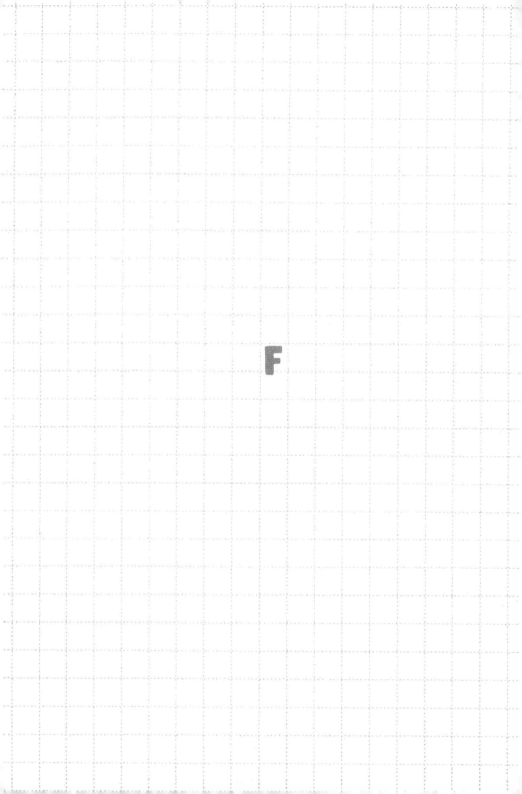
F

# 07 실용 영어를 잘하려면?

입시와 달리, 또는 입시와 함께 실용 영어를 잘하고 싶다면 어떻게 해야 할까? 나는 앞선 글에서 중학교 3학년 정도의 실력이면 말하기는 누구나 할 수 있다고 주장했다. 말하기 이전에 영어를 잘하기 위해서는 영어에 대한 관심이 필요하다. 우리는 하루에도 수십 번 인터넷에서 여러 가지를 검색하지만, 영어 단어를 검색하는 경우는 거의 없다. 포털사이트에 영어 회화가 있음에도 클릭하지 않는다. 관심이 없기 때문이다. 영어를 잘하고 싶다고 생각하지만 말고, 영어에 관심을 가지는 것이 첫 번째로 해야 할 일이다. 두 번째로는 자꾸 말해 봐야 한다. 처음에 말하기가 어렵거나 어색하다면 단어를 따라 말해 보고 짧은 문장을 따라 말해 보면서 같은 문장의 회화를 자꾸 반복하며 입을 떼어야 한다. 그러면 처음에는 말하기가 어려운 것 같아도 결국 문장이 발화된다. 또 대화 상대방이 있다면 대답해 주는 과정에서 금세 재미가 생겨나고 더 많이 이야기하고 싶어진다. 그러나 말을 받아 주는 대상이 없고 혼자 해야 한다면 별로 발전하지도 않고 그냥 지겨운 영어로 전락할 수도 있다. 그 때문에 영어 동호회나 영어에 관심 있는 사람들끼리 서로 말할 수 있는 환경을 만드는 것이 중요하다. 그래야 오랫동안 말하기 기술을 지킬 수 있다. 요즘은 전화나 화상을 통해 부담되지 않는 비용 선에서 영어 대화를 할 수 있게 해 주는 매체들이 많기 때문에 관심과 노력만 있으면 누구나 영어를 말할 수 있다. 영어로 말할 때 중요한 것은 내가 잘 모르는 주제이고 경험이 없다고 해서 입을 다물고 있으면 안 된다는 것이다. 내가 아이들에게 항상 하는 말이 있다. "영어를 잘하려면 거짓말을 해라."다. 말하기를 하는데 말할 거리가 없다고 자꾸 움츠

리면 안 된다. 대화자에게 단어 뜻을 묻든, 상황을 확인하는 질문을 하든 무조건 입을 떼야 한다. 나도 예전엔 사람들이 모르는 주제를 얘기하거나 내 관심 밖의 얘기를 하면 '왜 이런 걸 주제로 삼았나?' 하고 무관심으로 일관했는데 차츰 시간이 지나자 이건 아니다 싶어 거짓으로라도 얘기를 꾸며 말하게 되었다. 그렇게 했더니 무슨 주제든 재미가 생기고 취약한 표현을 알아내고 다시 공부할 수 있는 조건이 생겼다. 마지막으로는 영어 듣기와 재미를 위해 좋아하는 팝송을 외워 부르거나 100개가 넘는 TV 채널 중 영어 방송을 시청하는 것도 좋다. 좋아하는 영화를 반복해서 보는 것도 아주 좋다. 영어는 외국어이니 서툴고 잘하지 못하는 것은 당연하다. 그런데 우리는 어렸을 때부터 영어를 배웠다는 사실 하나만으로 자신을 너무 과대평가하려는 건 아닌지 잘 생각해 보아야 한다. 나는 우리 아이들이 정말 좋은 인적 자원의 환경에서 자란다고 자부한다. 그것은 모든 부모님의 교육에 대한 관심과 열정이다. 우리말도 서툰 아이들에게 영어에 노출만 시키며 막연히 잘할 거라는 믿음보다, 부모님들이 가정에서 영어적 환경을 만들어 함께한다면 얼마나 좋을지를 매일 생각한다. 영어는 외국어이기도 하지만 우리에게 친숙한 외래어이기도 하다. 부모님의 작은 관심이 아이에겐 큰 변화를 줄 수 있다. 친숙한 단어는 그림과 함께 벽에 붙여 놓고 그냥 시간 날 때마다 읽어 보고 인터넷 검색해서 찾아보며 가끔은 녹음을 해 단어를 들어 보고 비교해 보면서 얼마든지 영어를 일상 속에서 뽑아낼 수 있다. 그런데도 우리는 너무 많은 핑계로 아이를 학원에 밀어 넣는 것에만 바쁘다. 영어를 잘하기 위해서는 본인의 노력도 중요하지만, 함께 도와줄 수 있는 환경을 만들고 부모님도 영어에 관심을 가져야 한다. 그리고 이를 통해 아이들이 실생활에서의 영어를 재미있게 이어 나가길 바란다.

선생님! 말로 하세요

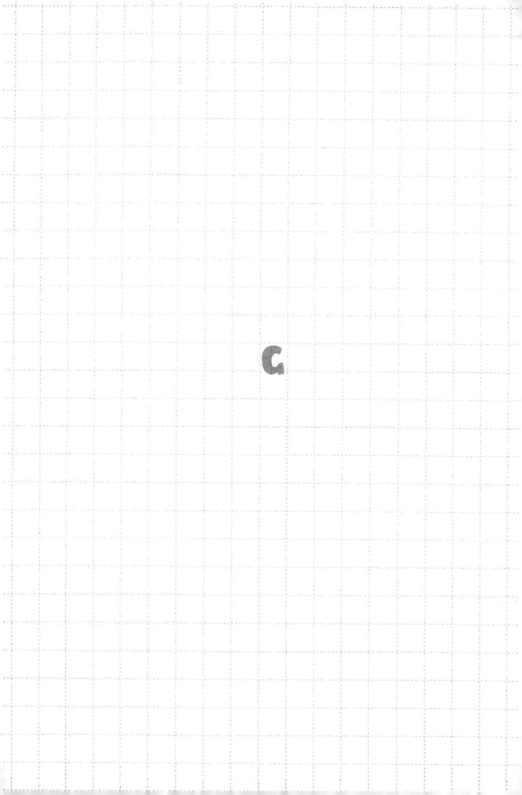

## 08 일만 시간의 법칙

'일만 시간의 법칙'이란 어떤 분야의 전문가가 되려면 최소한 일만 시간의 훈련이 필요하다는 법칙이다. 하루에 3~4시간씩 투자해서 같은 일을 반복하면 약 10년의 세월이 걸리는데, 이는 결코 짧지 않은 시간이다. 우리 아이들이 영어만 매일 1시간씩 투자해 공부할 경우 그 시간 역시 실력이 쌓이는 시간이 될 것이다. 그런데 우리는 누구나 이 사실을 알고 있지만, 실제로 이것을 계획하고 지속하는 것은 정말 어려운 일이다. 여기에 부모의 도움과 아이의 학습 동기가 있어야만 하나의 꿈이 실현될 수 있다. 시간을 정해서 공부를 하는 것이 성취감도 높이고 책임감도 기를 수 있는 방법이지만 이것은 효율성을 떨어뜨리고 공부를 지겹게 만들 수도 있다는 단점도 있다. 평생 해야 하는 공부라 생각하고 천천히 길게, 즐겁게 나아가는 방법을 선택해야 한다. 아이가 저학년이고 나이가 어릴수록 시간은 많지만, 효율적인 생산성은 떨어진다. 내가 생각하는 영어 공부의 적기는 5학년이다. 영어 공부라 함은 단어를 외우고, 문장 규칙을 이해하고, 자기 수준의 영어책을 일주일에 두 권 이상은 읽을 수 있는 상황이 시작되는 것을 말한다. 3, 4학년도 단어는 외우지만 보고, 읽을 수 있는 정도면 된다. 그래서 5학년 정도가 되면 문장 규칙의 구성을 이해하고 책을 덜 읽었더라도 웬만한 단어의 뜻을 쉽게 이해할 수 있다.

예전에 학원에서 외국어고등학교(이하 외고) 입시반을 맡은 적이 있는데, 학원 원장님께서 "외고는 초등학교부터 준비하는데 일주일에 자기 학년 곱하기 20개의 단어, 그러니까 1학년은 20개, 2학년은 40개, 6학년은 120개의 단어를 일주일마다 외워야 한다."고 하셨던 말이 생각난다. 틀린 말은 아니지만, 나는 이렇게 고쳐보고 싶다. 초등학교 1, 2, 3학년 때는 난어를 듣고 눈으로 찾을 수 있으면 되고 4, 5, 6학년에 가서 진로를 정하는 대로 일주일에 자기 학년 곱하기 10개 또는 20개 분량의 영어 단어를 정해서 외우면 좋겠다. 우리나라는 영어를 사용할 수 있는 환경이 아니기 때문에 한 번쯤 영어권 나라에서 영어를 체득하는 것도 앞으로의 진로에 많은 아이디어를 줄 수 있다.

영어는 수학과 달리 환경의 노출에 아주 민감하다. 또한 내가 가지고 있는 실력에 따라 어학연수나 한 달 살기 후 나의 영어 실력은 커다란 변화가 일어날 수 있다. 내가 지인들에게 자주 하는 말은 '2배의 법칙'이라는 말이다. 어학연수 1년은 내 본래 실력의 2배다. 그 이하는 부지기수로 많고 그 이상은 아주 미비한 정도의 차이일 뿐이며 큰 변화가 있을 거라고 자만하면 안 된다. 따라서 외국에서 영어를 배우고자 하는 사람들은 이 점을 기억하고 현재 나의 실력을 엄격하게 점검할 필요가 있다.

# chapter 3
# 학교 영어에 대해

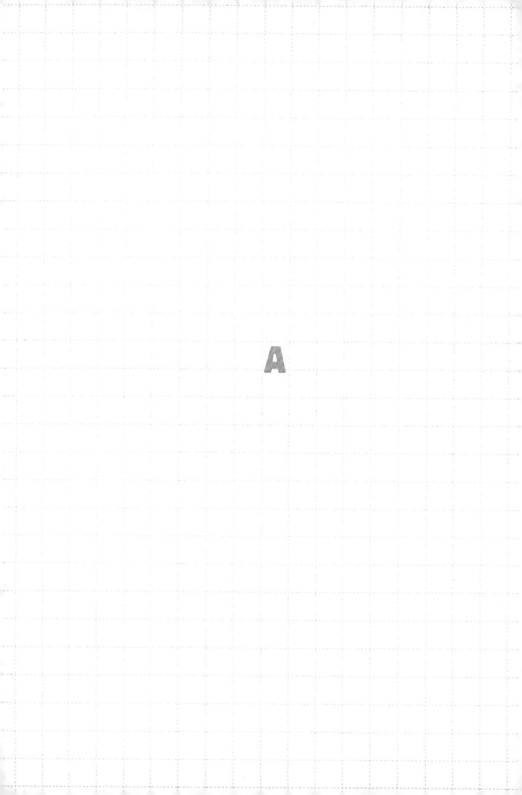

A

## 01 학교라는 곳

나는 2010년에 첫 학교에 배치받아 우여곡절 끝에 10여 년에 가까운 시간 동안 한 학교에서 근무하게 되었다. 그동안 많은 선생님을 만나며 삶을 배우고 가슴을 채우는 시간이 된 것에 나의 신께 무한한 감사를 드린다. 영어를 가르치면서 한 직장에 이렇게 오래 있을 거라곤 생각하지 못했고, 더구나 내게 그런 끈기가 있을 거라고도 생각하지 못했다. 그럼에도 불구하고 나를 거기에 있게 해 준 것은 우리 아들 덕분이었다. 학교는 아이와 시간상으로 가장 궁합이 잘 맞는 곳이다.

오전 8시 40분 출근에 오후 4시 40분 퇴근이라는 조건은 아이를 키우기에는 아주 좋은 조건이었다.

또한, 학교에 다니면서 학교를 알게 되니 객관적으로 교육을 생각할 수 있는 기회 역시 많았다.

우리 사회가 산업 사회로 발전함에 따라 어쩔 수 없이 아이의 교육을 나라에 맡기게 된 부모의 입장에서, 정해진 틀에서 교육을 받아야 하는 아이들을 보면서 '정말 이것이 최선일까?' 하는 의구심이 끊임없이 밀려 왔다. 홈 스쿨링(home schooling, 재택 학습)이라는 방법도 있지만, 부모들은 대개 내 아이에 대한 교육이므로 이를 시험 삼아 한번 해 보는 것에 자신이 없기 때문에 학교와 아이를 믿고 공교육에 올인하는 것이다.

살면서 절실히 느끼는 것이지만, 부모라 하더라도 내 자식을 100% 장담할 수 없다. 어쩌면 부모야말로 자기 자녀에 대해 가장 모를 수도 있다는 생각도 들었다.

모든 부모는 자기 자식을 생각할 때는 정말로 겸손해야 한다. 내가 학교에 있지 않았더라면 이런 생각을 전혀 할 수 없었을 것이다. 나도 아이가 5살쯤이었을 때는 내 자식은 내가 더 잘 안다고 생각했다. 그러나 개인적인 친구 관계, 교실 집단에서의 친구 관계, 어른(교사)과 아이와의 관계에서 내 자식의 행동은 자랄수록 많이 달라졌다. 어려서는 사이좋게 모두가 친구가 될 수 있고 어른은 완벽한 존재라고 생각하여 어른들의 말을 잘 듣고 어른들에게 잘 보이려 한다. 그리고 크면 클수록 취향에 맞는 친구를 사귀고 교실 집단에서의 친구는 1년간 함께하는 반 친구라고 생각하게 된다. 물론 반에 자신과 취향이 비슷한 친구가 있으면 단짝이 되기도 한다. 그렇게 자라나면서 어른은 나보다 아는 것은 많지만, 완벽히 신뢰할 수 있는 존재는 아님을 알게 된다. 그리고 자라온 환경에 따라 교사에 대한 태도나 교우 관계가 점차 달라진다. 학업 스트레스와 함께 교권 추락도 이때부터 다부지게 나타난다. 공부만 잘하면 모든 게 용서되는 현실은 답답하고 씁쓸하다. 나는 교권이 없는 시기에 학교에 다니고 있기 때문에 학습권, 수업권과 관련된 이야기를 학기 초부터 아이들에게 누차 이야기한다. 그렇지 않으면 수업 분위기는 엉망이 되기 쉽다.

아이들은 어릴 때부터 자신이 지키지 못한 규칙에 대한 책임을 배워야 한다. 그러나 학생 인권이라는 이름 아래 교사는 아무것도 제재할 수 없다. 어떤 학생이 수업에 방해되어도 그냥 "○○야. 하지 마라."라고 말로 제재하는 것에 그치거나 또는 쉬는 시간에 아이를 남게 한 후 아이와 상담하거나 경고 후 회유가 전부다. 그래도 반복되는 수업의 민폐는 속수무책이다. 교권은 어디에도 없다. 오직 학생의 인권이 최고의 권력이다. 처음부터 영어 교과를 전담한 나는 초등학교의 반 분위기는 전적으로 담임교사에 의해 좌우된다는 것을 절실히 느꼈다. 영어라는 교과목의 특성상, 수업 시간은 편안하고 자유롭게 누구나 참여하고 실수를 두려워하지 않는 허용적인 분위기를 만들어 주어야 하므로 자칫하면 산만한 수업이 될 수 있다. 그런데 교실에서 담임과의 관계가 돈독하거나 아이들과 신뢰감이 있는 담임선생님의 반 아이들은 규칙도 잘 지키고 수업 태도 역시 훌륭하며, 기말 성적도 아주 우수했다. 그러면서 반 분위기, 학교 분위기가 만들어진다는 것을 객관적인 입장에서 새삼 깨닫게 되었다. 좋은 반 분위기는 아이들의 긍정적이고 적극적인 성향에서 잘 나타난다. 사실 아이들은 호기심이 많고 재미있는 것을 좋아해서 뭐든지 한번 시도해 보려 하고, 시도를 못 해 보면 실망하고 서운해하는 것이 일반적이다. 그러한 아이들은 부모와 좋은 관계를 맺고 있고, 그 안에서 배운 바른 태도, 말씨와 함께 남을 배려할 줄 아는 아이로 자라난다. 이런 아이는 자기 효능감이 높고 긍정적이어서 나 자신뿐만 아니라 친구도 소중하고, 모두를 위한 규칙을 익히는 데도 빠르게 적응한다. 나는 영어 교과만을 지도하기 때문에 여러 아이를 만나게 되는데, 간혹 무기력하거나 혹은 무엇을 해도 마지못해서 하거나, 그저 하기 싫어하는 아이들을 만나게 될 때가 있다. 사실은 그런 상황이 제일 지도하기 힘든 상황이다. 학교는 여러 환경의 아이들이 모인 집합체이기 때문에 아이들에게는 그 자체가 사회생활이다. 학습적인 부분은 학교의 일부분일 뿐, 결코 전부가 될 수는 없다. 나는 학교란 학습에 대한 동기부여가 잘 이루어지고 여러 사람과의 관계 속에서 생활 태도를 익혀 인간다운 품성과 역량을 기를 기회를 제공하는 곳이어야 한다고 생각한다. 학교가 제구실을 잘하려면 먼저 가정에서 중요한 가치를 배우고 몸에 익혀야 하는데, 우리는 공부를 잘하는 것만 가장 상위의 가치로 여기고 이외의 모든 것은 용서하고 넘어간다. 나는 이런 현실이 너무 슬프다. 지식은 더이상 한 사람의 전문인에 국한되어 있지 않다. 이제 지식은 공유의 재산이 되고 있다. 사실 포털 사이트를 한번 검색해 보기만 해도 지식과 정보는 곳곳에 넘쳐난다. 우리의 어린 시절은 그야말로 성과주의 일변도였다. 누가 공부를 더 잘하고 높은 점수를 받는지에만 집중되어 왔다. 인성이나 생활 태도는 거의 무시한 채, 공부 잘하는 아이와 그렇지 않은 아이의 이분법적 구조로 학교는 존재해 왔다. 어쩐지 부모도 우리 아이가 성적이 초라하면 괜스레 담임선생님을 볼 면목도 없고 늘 선생님께 죄송하다는 생각으로 지난 수십 년을 살아왔다. 나는 우리 아이가 눈앞에 지나가는 할머니의 리어카를 용기를 내 밀어주지는 못한다고 할지라도 최소한 함께 살아가는 이웃에게 고마움과 감사함을 느끼고 정직함을 가진 어른으로 자라 주길 바란다. 지식, 이제 그것은 있으면 좋고 없으면 인터넷 포털 사이트를 검색하면 된다. 생선을 잡아 주기보다 생선 잡는 방법을 가르쳐주면 된다고 흔히 말하듯, 이제 우리 아이들에게는 경험과 관계를 바탕으로 행복하고 긍정적인 미래를 안겨 주고 싶다. 앞으로 학교는 아이가 살아가는 방법을 배우고 설계할 수 있는 곳, 나와 너, 우리가 행복한 교실, 행복한 미래를 꿈꿀 수 있는 곳이 되었으면 한다.

선생님! 말로 하세요

B

## 02 지금 우리 아이들

나도 자녀를 키우고 있는 이 시대의 엄마로 살고 있고, 또한 학교에서 한 과목을 책임지는 교사로 9년 넘게 지내오면서 여러 아이를 만났다. 내가 있는 학교의 아이들은 대부분부모의 관심을 받고 자란 아이들이며, 지적, 문화적 수준 또한 평균 이상으로 보인다. 그런데도 인성에 있어서는 여러 가지를 생각해 보게 하는 일들이 많이 일어난다. 우리나라의 아이들은 언어, 수학적 소양은 1, 2위를 차지하고 있으나 타

인과의 원만한 관계 및 협력하여 일하는 능력은 22위를 나타낸다.[3]

우리나라 학생들은 높은 학업 성취 수준을 가지는 반면에 타인과 관계를 원만히 맺고 협력하는 사회적 상호 작용 능력은 부족하다는 것을 알 수 있다. 과도한 학업 스트레스로 인해 감정을 관장하는 뇌의 민감성이 둔화되고 이것이 소통, 감성 능력을 약화시키는 것이다. 사회적으로 학력, 학벌의 가치가 단 하나의 성공 방법인 양 금 동아줄이 되어버려 획일화고 경직된 시스템 안에서 다양한 인재의 출몰은 기대하기 어렵게 되었다. 영어 교육 한 가지만 보아도 그렇다. 입시 아니면 포기다. 과도한 경쟁에 내몰린 아이들이 능동적으로 무언가 선택해서 삶을 설계할 수 있기를 기대하는 것은 우리의 욕심일지도 모른다.

내가 어릴 때도 어른들로부터 걱정스러운 말을 많이 들어 왔지만, 내가 지금의 아이들을 보면서 정말 우리가 중요하게 생각해야 하는 것들이 여전히 20년 전이나 지금이나 똑같이 고려되고 있지 않다는 것도 새삼 놀라운 사실이다. 그러면서 무섭게 변화해 가는 세태가 두렵기도 하고 앞으로 다가

---

3  출처: 여성가족부. 2015, 청소년 핵심역량 국제비교.

선생님! 말로 하세요

솔 세상이 더 험난할 수도 있겠다는 생각이 문득 들기도 한다.

손자를 귀여워하면 할아버지 상투를 잡는다더니, 3년 연거푸 지도하게 된 6학년을 가르칠 때는 너무나 힘이 들었다. 나는 과목의 특성상 수업 분위기를 허용적으로 만들고 아이들과 친근감을 유지하기 위해 때로는 농담 같은 우스갯소리도 하면서 아이들의 말을 잘 받아 주는 편이다. 그러면 아이들이 영어에 대한 수업 부담도 적게 느끼게 되고, 무엇보다 흥미를 느끼고 배우고 싶다는 생각이 든다는 점을 경험을 통해 알고 있기 때문이다. 그런데 그러다 보니 몇 년씩 만난 아이들 같은 경우엔 영 버릇이 없는 아이들도 종종 있다. 우리는 이미 세계화되어 있는 시점에 살고 있고 앞으로의 세상은 세계화라는 말이 무색할 정도로 서로의 문화를 공유하며 함께 누리는 삶을 살게 될 텐데, 내가 지도한 아이들이 그 속에서 잘 어우러지며 살아갈 수 있을지 사실 나는 잘 모르겠다. 성적과 공부 위주의 삶에서 다른 사람들을 배려하고 이해하며 참아주고 기다리는 법을 아이들이 잘 배울 수 있을까?

초등학교는 아이들이 경험하는 공식적인 첫 사회생활이

다. 유치원이 가정적인 분위기라면 초등학교에서는 실제적인 사회생활이 시작된다. 학교를 옮기지 않는 이상 6년 동안 한정된 친구들과 어우러져 세상을 만나는 곳, 나를 이해하고 다름을 인정하며 남을 방해하지 말아야 한다는 것을 체득해야 하는 곳이 학교인데 과연 그런 역할을 잘하고 있는지 나는 늘 생각해 왔다. 다행히 초등학교 아이들이라 많은 발전과 가능성이 있기 때문에 섣불리 판단하고 싶지는 않지만, 대개 모두가 칭찬하는 아이들 뒤에 칭찬받을 부모님이 계신다는 것은 진리인 것 같다. 나 역시 한 아이의 엄마이기에 내 아이에게 바른 가치를 심어 주고자 노력하지만 나 혼자만의 힘으로는 도저히 이루어질 수 없는 일이다. 선생님을 믿고 존경하는 부모님과 선생님을 믿고 의지하는 아이들이 있을 때 그 속에서 서로 배려하고 도와주는 아이들이 자라서 비로소 바른 인성을 가진 성인이 되는 것이다.

어느 회사에서 1차, 2차 시험을 거쳐 3차 최종 면접에 합격한 5명의 지원자가 서로 열심히 주어진 의제를 가지고 토론했다. 최종적으로 단 한 명만 뽑는 시험이라 심사위원 역시 긴장이 역력했다. 쟁쟁한 인재 중 한 사람만 선택하는 것은 여간 골치 아픈 일이 아닐 수 없었다. 그런데 면접을 마치고

선생님! 말로 하세요

모두 인사하고 돌아가는데 그중 한 젊은이가 자기가 앉았던 의자를 집어넣고 가는 것이었다. 심사위원들은 서로를 쳐다보며 미소를 지었고 그 젊은이가 최종 합격이 되었다.

하나를 보면 열을 안다는 말처럼, 그 작은 행동 하나가 그 사람을 말해 준다.

앞으로 우리 아이들이 이끌어갈 세상은 하찮은 지식보다 기본에 충실하고 원만한 인간관계를 맺을 수 있는 사람 그리고 감성을 움직일 수 있는 울림을 가진 사람을 더 필요로 하는 사회일 것이다. 컴퓨터화되고 고도로 조직화되는 세상에서 진정한 인간의 가치를 말하고 행동하는 사람은 어떤 인공지능으로도 대체할 수 없는 소중한 존재가 될 것이다.

# 03 학교에서 배우는 영어

집 앞의 병원에 가는 길에 뒤에서 "영어 선생님!" 하고 나를 부르는 아이들의 소리가 들렸다.

'나만 영어 선생이랴'라는 생각에 뒤돌아보지 않고 걸었는데, 아이들이 더 큰 소리로 "영어 선생님!" 한다. 뒤돌아보니 우리 학교 아이들이다. 그렇지, 나는 영어 선생님이다. 다른 어느 과목도 아닌 영어 선생님! 책임이 막중한 영어 선생님. 실력으로 학생들을 대할 수 있는 영어 선생님. 아이들이 앞으로의 세상을 꿈꾸고 경험할 수 있도록 도와주는 영어 선생님. 나는 그 이름에 걸맞은 교사가 되어야 한다고 생각했다. 학교에서 내가 항상 생각하는 것은 아이들이 영어를 재미있게 받아들이고 평생 해야 할 영어에 대한 부담이 생기지 않도록 하는 것이었다. 그래서 나는 아이들에게 자신감을 불어넣으며 그들을 지지해 주고자 노력했다.

아이들의 작은 반응에도 적극적인 칭찬과 격려를 아끼지 않았다. 나도 영어를 잘하지 못했던 때가 있었기 때문에 아이들이 어느 부분에서 영어를 어려워하고 꺼리는지를 잘 알고 있으니 그런 만큼 아이들에게 누구보다 더 직접적인 조언을 줄 수 있으리라 생각했다.

공교육에서 아이들의 영어 실력은 정말 하늘과 땅 차이로 그 간격이 정말 크다. 나는 아이들에게 영어만큼은 누구나 잘할 수 있다는 걸 알려 주고 싶었다. 지금 좀 더 영어를 아는 것이 이후의 학업에 큰 영향을 미치기 때문에 5, 6학년에서 뒤처지는 친구들에게도 지금부터 준비하면 잘할 수 있다는 것을 종종 얘기한다.

교과서의 특징일 수 있지만, 영어도 1년 교과 과정의 차이가 크다.

현재 초등학교 3학년 교과서는 이미 선행학습을 해온 아이들에게는 무척 쉽고 사실 가르칠 내용을 재구성하지 않고서는 지도하기가 힘들다. 물론 선행학습이 안 된 아이들에게는 기초 내용으로 손색은 없으나 유치원에서 영어에 노출된 아이들이라면 거의 말하고 대답할 줄은 안다. 5, 6학년 정도 되면 교사도, 아이들도 그야말로 내용이 있는 대화를 이어갈 만한 수준의 진정한 영어가 시작된다.

이때부터는 외워야 할 단어와 문장 규칙이 등장하지만, 아직 초등학교에서는 문장 규칙을 직접 지도하지는 않는다. 소위 문법을 구체적으로 설명하지는 않는다는 말이다. 그러나 문장 규칙의 설명은 꼭 필요하다.

여러 패턴화된 대화 틀에서 교사가 융통성 있게 확장해 가며 문장의 규칙을 익힐 수 있도록 돕는다. 예를 들어 'I'm from Korea'라는 주제에서는 "Where are you from?"의 대화 형태가 반복되어 나오기 때문에 아이들의 수준에 따라 "Where is she/he from?", "Where are they from?", "Is she from Korea?" 등의 대화를 반복해서 연습해 보고 우리말을 영어로 말해 보도록 한다.

여기에서 'be 동사'를 언급하기보다 패턴화된 대화를 연습하며 체득할 수 있도록 하는 것이다. 문법 규칙의 설명 없이 배우는 것은 시간이 오래 걸린다는 비효율적인 면이 있다. 나는 우리가 더 쉽게 효율적인 지도를 할 방법의 하나로 문장 규칙을 지도해야 한다고 생각한다. 그러나 이렇게 하지 못한다는 점이 초등학교 영어의 한계인 것 같다. 초등학교에서도 기본 문장 구조를 익힐 수 있는 내용을 교사의 재량껏 아이들에게 지도하지만, 교과서의 어느 부분에도 문장 규칙을 다루지 않는다는 사실이 나는 유감스럽다.

나는 개인적으로 EFL 상황의 우리나라에서 문장 규칙을 배우고 익히는 것이야말로 영어 원리를 배우면서 효율적으로 외국어를 배울 수 있는 필수적인 방법이라고 생각한다. 규칙을 알아야 말하기 쉽고 쓰기 쉽다.

문장 규칙을 배우고 싶지 않으면 다른 방법도 있다. 하루 16시간씩 영어를 듣고 매일 영어책을 5권씩 5년 정도 읽으면 아이가 말문이 트이듯 영어 말문도 트일 것이다. 우리말을 유창하게 잘한다면 영어도 문장 규칙을 통해 영어에 쉽게 접근할 수 있다. 문장 규칙을 알고 있다면 그다음엔 말할 대상이 있어야 한다. 집이든 학원이든 영어를 도통 써먹을 수 없는 상황에서는 영어가 절대 늘지 않는다. 반드시 대화할 상대가 필요하다. 단순히 들어주는 상대가 아니라 상호 대화가 일어날 수 있는 대상이 필요하다. 여기서 부모의 역할이 중요하다. 영어를 오랫동안 손에서 놓아서 자신감이 떨어져 있거나 발음이 시원찮아서 아이들 앞에 나서기가 껄끄러운 상태일 수도 있다. 하지만 그건 잠깐이다. 오랫동안 영어 공부를 안 했고 엄마는 한국 사람이라 발음이 어색할 것이란 걸 아이들에게 먼저 얘기해 주고 출발하면 된다. 모르는 건 엄마한테 물어보고 엄마도 모르면 같이 찾아보면 된다. 인터넷 영어 사전 또는 모바일 애플리케이션의 영어 사전에는 모두 원어민의 발음이 친절하게 들어 있다. 그것을 활용하면 된다.

이렇듯 언어는 함께 또 같이 발전하는 것이다. 집안에서의 작은 도움은 아이들에게 영어에 대한 자신감을 주고 흥미를 높여 준다. 자신감이야말로 아이 스스로 해 봄 직한 도전을 가능케 만드는 마법과도 같다. 앞으로 아이가 평생 공부하며 함께할 의사소통의 도구를 만드는 데 부모도 협조해 주어야 한다. 우리말을 배울 때도 그러하듯이 영어를 익히는 데 있어 노출과 활용은 가장 중요한 포인트다. 이처럼 영어가 중요한데 가정에서의 활용도가 낮다는 것은 너무나 안타까운 일이 아닐 수 없다.

D

# 04 70년 전통으로 일관된 우리 영어[4]

영어는 의사소통을 위한 수단이고 국제 경쟁력에 있어서 핵심 역량이다. 앞으로 다가오는 제4차 산업혁명 시대의 인재는 창의성, 문제해결 능력 그리고 소통 능력을 갖춘 인물이라고 한다. 또 네트워크를 통한 인력의 공급과 고용이 가능해지므로 업무 시간과 장소의 제약이 없어지고 원하는 시

---

4  출처: 박선영, "[영어의 몰락] 저무는 영어 권력, 길 잃은 영어 교육", 「한국일보」, 2017. 8. 26일자 기사.

간에 원하는 장소에서 일할 수 있는 조건들이 만들어진다고 한다. 여기서 영어는 내가 원하는 일을 어디서든지 찾아서 할 수 있는 기회를 제공할 것이다. 이것이 제4차 산업혁명 시대에서 영어가 더 중요해지는 이유다. 따라서 영어를 활용하는 것은 너무나 당연한 일이다. 그러나 우리 현실에서 수능 영어와 토익 만점을 받아도 영어로 말 한마디 못하는 사람들이 수두룩하다. 이제 영어의 전 교육 과정을 다듬고 변화시켜야 할 시점에 있다. 영어의 중요성으로 인해 영어 유치원과 각종 놀이식 영어 학원과 회화 학원, 입시를 위한 영어 학원 등 다양한 사교육 형태로 영어 교육이 성행하고 있다. 초등학교 교육에서는 말하기 위주의 학습이 이루어져 학습의 동기를 유발하기도 하고 재미를 주어 아이들이 영어에 도전해 보도록 하고 있지만, 중학교에 가면서 상황은 완전히 반전된다. 말하기는 쓸데없는 시간 낭비의 일환으로 전락하고 오로지 문법과 읽고 이해하기 위주의 영어로 변질되어 간다. 우리 아이들은 영어를 의사소통의 수단이 아닌 입시에서 성적용으로 공부할 뿐이다. 그러기에 왜 영어를 배워야 하는지 회의감이 들고 써먹을 수 있는 실용영어는 뒷전으로 밀려나 기성세대들의 영어 공포증을 그대로 이어받게 된다. 물론 요

선생님! 말로 하세요

즌엔 영어로 말하는 사람을 채용하는 기업들도 늘고 있지만, 이는 빙산의 일각일 뿐이다. 대학을 가기 위한 획일적인 학습으로서의 영어. 50분 동안 풀어야 하는 수능 영어 읽기 지문에는 대략 4,000단어 내외의 단어가 등장하는데, 이는 미국 일간지인 「USA투데이」 수준의 글을 분당 130~200개의 단어를 읽는 속도로 읽어야 하는 수준으로 미국 고교생들이 읽는 교재와 비슷한 난이도다. 우리나라 초·중·고등학교 10년 동안 영어 수업 시수는 총 970여 시간인데, 이것은 모국어가 완성되는 시기의 만 4세 아이가 읽고 말하기에 노출되는 시간인 1만 1,680시간의 8.2%에 지나지 않는다. 그리고 그마저도 영어보다 한국어 노출량이 많다. 중·고등학교 6년 동안 배우는 영어 교과서를 합친 분량이라고 해 봤자 페이지당 100단어씩 들어 있는 200쪽 분량의 영어 원서 두 권(총 432쪽) 분량에 불과하다. 이런 정규 교육으로 미국 고교생이 「USA투데이」를 읽는 수준의 수능 시험을 치르는 것은 불가능에 가깝다. 어느 교사는 "고등학교에서 3년 동안 영어를 배우면 익히게 되는 단어 수가 3,500개 정도인데, 수능은 2~3만 단어를 알아야 풀 수 있는 수준에서 출제된다."며 "출제기관인 한국교육과정평가원에 질의하면 검정 교과서 15종을 모두 합쳐 문제를 내기 때문에 어쩔 수 없다는 답변만 돌아온다."며 답답해했다.

입시가 문제라면 그 안에서 해답을 찾아야 한다. 50분 동안 듣기(물론 듣기 안에 말하기 기능의 문제도 포함되어 있다)와 읽고 이해하기의 50문제를 푸는 기계적 기능만 강조할 것이 아니라, 듣기, 말하기, 읽기, 쓰기의 영역을 종합적으로 평가받을 수 있도록 환경을 만들어 주어야 한다. 쓰기 기능은 영어의 완성도를 높일 수 있는 가장 고도의 기능이라 어려울 수 있지만, 주제와 채점 형태 등을 세분화하여 기준을 만든다면 그렇게 어렵지 않을 수 있다. 막연히 어렵다고 낡은 1960년대의 영어 교육 방법을 그대로 답습하는 것은 우리의 국제 경쟁력을 땅바닥에 내동댕이치는 일일 뿐이다. 제4차 산업혁명 시대를 대비해서라도 영어 말하기에 대한 적극적인 노력이 필요하다.

영어 소통이 힘겨운 나라에 누가 와서 투자하며 어느 누가 한국을 또 여행하고 싶은 곳으로 입소문을 내어줄지 우리는 심각하게 고민해야 한다. 전 국민이 모두 영어를 잘할 필요는 없지만, 세계의 모든 유용한 정보를 쥐고 있는 구글(Google)과 유튜브(YouTube)로 대변되는 국경 없는 기술 시대에서는

"이대로도 충분하다."고 말하기는 어렵다.

　한 나라에서 영어로 자유로운 소통이 가능한 정도를 지표화한 것이 영어 보급률(English Penetration Rate)이다. 다국적 기업들이 아시아 시장에 진출하며 허브 국가를 선정할 때 가장 중요하게 여기는 요소가 이 지표다. 어느 기업의 대표는 "오랫동안 다국적 기업들을 위한 마켓 리포트를 쓰면서 한국의 영어 보급률을 5% 미만으로 쓸 수밖에 없었어요. 덴마크는 95~98% 수준이죠."라고 했다. 이 대표는 "외국 기업들을 한국으로 끌어오는 게 임무 중 하나였는데 결국은 늘 싱가포르로 간다."며 "리콴유 싱가포르 총리 서거일에 현장에 있었는데, 그가 엄청난 반대를 뚫고 영어 공용화 정책을 시행한 게 국가경쟁력을 엄청나게 높였다는 데에는 이견이 없었다."고 말했다. 그렇다고 해서 우리나라까지 다국적 기업 유치나 영어 공용화 정책을 사용할 필요는 없다. 다만 우리의 빛나는 아이디어를 글로벌화하기 위해, 운영 중인 온라인 쇼핑몰의 고객을 외국인으로까지 확대하기 위해 콩글리시라도 유창하게 할 수 있는 능력이 필요하다. 왜 영어를 해야 하고 어떤 영어를 해야 할지, 또 다양한 영어 수요를 공교육 시스템 안에서 어떻게 충족시켜줄지, 처음부터 다시 시작하는 마음

으로 접근하는 방법 자체를 달리해 총체적인 사회적 논의를
시작해야 한다.

선생님! 말로 하세요

## 05 원어민에 의한 영어 교육

2000년대 초반, 내가 학원에서 근무할 때의 일이다. 앞서도 말한 바 있지만, 그 당시는 영어 학원의 춘추 전국시대였다. 여러 종류의 프렌차이즈 영어 학원을 비롯해 개인이 운영하는 사설 영어 학원들이 앞다투어 원어민을 대거 교사로 채용해 사교육 현장에 투입시키고 한국어 교사와 교차 수업을 시키면서 학생 관리를 하던 때였다. 주 5회, 3회, 2회, 방학 특강, 외고 특강 등 갖은 명목으로 학원이 수익을 내던 황

금기였다. 원어민들은 대개 회화 위주의 수업을 하는데 철자 게임이나 간단한 보드게임 등을 함께하며 학생들에게 살아 있는 영어를 만날 수 있는 기회를 제공했다. 하지만 아무 준비 없이 그저 원어민에게 외국어인 영어를 배운다는 것은 상당히 어려운 일이다. 서로 의사소통도 안 될뿐더러 살아오면서 체득한 각자의 작은 문화 차이도 커다란 오해를 낳기 일쑤다. 그런데도 영어를 지도하고 배운다는 것은 그야말로 맨땅에 헤딩하는 꼴이다.

나는 그 당시 학원에 근무하면서 외국인이 만든 영어 교재에 대한 강의를 들은 적이 있었다. 그녀는 영어를 배우는 상황이 아이들에게 어떤 어려움과 스트레스를 주는지 알려 주기 위해 우리에게 프랑스어로 수업을 진행했다. 수강생들은 모두 눈치와 어림짐작으로 상황을 파악해야만 했다. 성인인 우리도 답답하기 그지없었다. 그때 나는 100% 영어로만 진행하는 수업이 아이들에게 또 하나의 좌절을 맛보게 할 수 있다는 것을 절실히 깨달았다.

특히 우리처럼 평상시에는 영어를 쓰지도 않다가 정해진 영어 시간이 되어야만 간신히 영어 몇 마디를 듣고 말할 수 있는 여건의 EFL 상황에서는 더욱 그렇다. 원어민과의 수업이 제대로 이루어지기 위해서는 학생들의 많은 시간과 노력이 필요하다.

교실에서 아무리 영어를 듣고 사용해도 모든 학생이 이해하기는 힘들다. 영어 시간에만 영어가 이루어지는 것, 즉 연속성이 없는 언어의 활용은 아이들에게 영어가 죽은 언어이고 막연한 학습의 도구로만 작용할 뿐이다. 그런 상황에서 아이들은 살아 움직이는 현상으로서의 언어를 경험할 수 없다. 그래서 가장 가르치기 쉬운 '파닉스(phonics)'는 아주 적절한 도구가 되었고 학부모들은 영어를 제대로 읽어 가는 아이들이 마냥 발전하는 것 같아 흡족했을 것이다. 원어민 교사는 반드시 우리의 능력 있고 역량 있는 한국인 교사와 팀을 이루어 수업을 운영해야 하고 아이들의 실력 향상을 위해 한국인 교사의 모니터링을 받으며 아이들을 지도해야 한다. 이것은 진리다. 그저 재미있는 수업으로만 진행하는 것이 아니라 직접 상황을 만들고 표현하면서 원어민의 도움을 이끌어 내고, 우리가 그들을 완벽히 활용할 수 있도록 하는 시스템을 제도적으로 정착시켜야 한다. 그렇지 않고 이루어지는 원어민 강사의 수업은 그저 외화 낭비일 뿐이다. 물론 능력 있는 원어민 교사들도 있지만, 그들 역시 유능한 한국어 교사

와 함께했던 경험이 있거나 다른 나라에서 가르쳐 본 경험이
있는 사람들이 대부분이다.

그런데 학교에서는 사교육 타파라는 명분으로 원어민 수업
을 진행하고 있다. 왜 그럴까? 그들에게 책임을 주고 일을 시
킨다기보다 그저 전시 행정적 일인 것만 같아서 참 안타깝
다. 원어민을 관리하는 한국어 전담 교사를 두고 수업의 질
과 내용에 깊이 관여하면서 우리 아이들의 실력을 관리해야
하는데 학교에서 그것이 가능한가? 물론 가능하게 할 수 있
다. 유능한 한국어 영어 교사가 함께해야 한다는 조건을 충
족시키면 가능하다. 그러나 지금 그것이 이루어지고 있다면
내가 굳이 이러한 상황을 이렇게 글로 알리는 일은 없었을
것이다. 거듭 말하지만, 원어민 교사는 잘 훈련된 능숙한 한
국인 영어 교사가 일대일 멘토가 되어 그들의 수업을 관리하
고 평가해야 한다. 그러나 전혀 그런 상황이 이루어지지 않
고 그저 그들에게 잘 가르쳐 달라고 당부하고 잘 진행될 거
라는 근거 없는 낙관만으로 우리의 영어 교육은 이루어지고
있다. 나는 개인적으로 원어민을 공교육에서 활용하는 것 자
체가 비용 낭비이자 시간 낭비라고 생각한다. 나는 원어민이
초등학교 저학년의 기초를 배워야 하는 아이들에게는 전혀

선생님! 말로 하세요

도움이 되지 않는다고 생각한다. 원어민 수업보다 영미권 제작 프로그램들을 더빙 없는 방송으로 아이들에게 보여 주서나 우리가 프로그램을 제작해 보여 주는 학습 방법이 더 나을 것이다. 한 학교나 거점 학교에서 한두 명의 원어민 교사만으로 진행되는 단발적인 영어 수업에서 아이들이 무엇을 얻을 수 있는지 심히 궁금하다. 그것은 원어민이 영어를 지도한다는 구색 맞추기일 뿐, 살아있는 영어를 배우기에는 너무나 역부족이다.

그들을 필요한 경우에 적재적소에 써야 한다. 그러나 우리는 무조건 학교에 원어민을 고용하고 그들을 바로 수업에 투입한다. 그리고는 그들에게 알아서 하라고 맡긴다. 1~2년 정도 영어 전담을 맡은 교사들은 다시 담임교사를 맡고, 원어민은 또 다른 교사와 팀을 이루어 지도하는 방식으로 학교 영어 교육은 진행된다. 그리고 학교 원어민과의 대화나 소통을 위해 아이들은 사교육에 내몰리게 된다.

사교육을 받은 아이들은 이해도 빠르고 수업이 재미있겠지만, 그러면서도 원어민 교사 앞에서 대놓고 장난치거나 그를 무시하고 손가락 욕을 써서 그들의 반응을 보고 싶어 하기도 한다. 시민 교육이 절실히 필요한 상황이다. 그러지 못한 현실에 난감할 뿐이다.

　나는 전 세계에서 가장 고등 교육 졸업자가 많고 인적 자원이 충분한 우리나라의 훌륭한 인재에게 비용을 투자해 영어 교육 전문인을 만들어 그를 통해 과히 확고한 영어 교육을 실시해야 한다고 생각한다. 지금의 영어 교육의 현실은 딱 구한말 우리의 쇄국정책처럼 그저 탁상공론만 해 오던 답습으로만 흘러갈 뿐, 과감한 개혁과 진정한 교육의 의지는 전혀 없어 보인다.

　영어 교육이 답답하게 막혀있다. 영어 마을 활용과 영어적 환경을 위한 프로그램 개발, 원어민 교사에 대한 투자는 이제껏 쓴 비용 낭비로도 충분하다. 그 비용으로 영어 교육 전문가를 숙련시키고 공교육 환경에 맞춰서 학생을 밀착 지도하도록 해야 한다. 왜 그렇게 제도화하지 못하고 횡설수설하는지 현장의 영어 교사로서 답답할 뿐이다. 영어 교육을 위한 과감한 투자 없는 우리의 영어 교육은 사교육의 바람으로 물들 것이고 개천에서 용이 나는 경우는 전혀 없을 것이다. 말하기가 중요하다지만 이는 모두 사비로 교육되고 학교 영어는 입시용으로 전락해 있다. 다양한 영어 수요를 위해 우리도 다양한 방법으로 영어를 가르치고 배울 수 있는 여건을 만들어야 한다. 그 커다란 전환점으로 우리의 아이들이 제4차 산업혁명의 중심이 될 국세무내에서 활약하는 날들을 기대해 본다.

# chapter 4
# 생생 영어 문화 체험

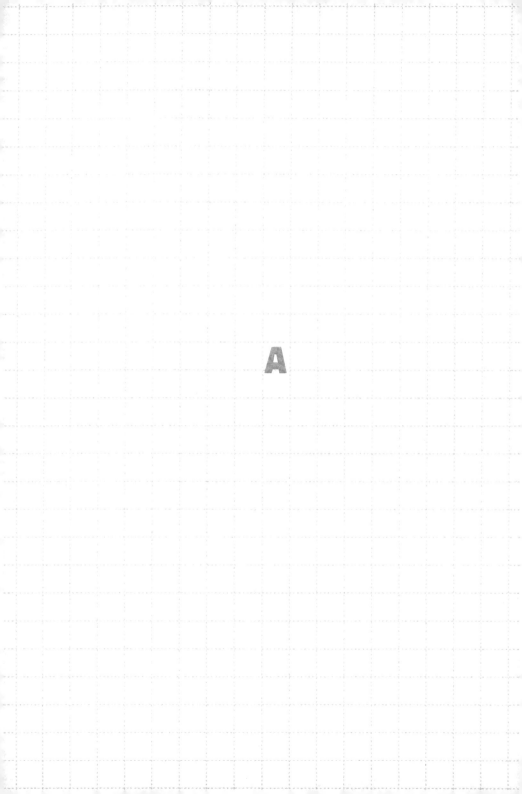

A

# 01 영어에 문화가 있다

나는 대학 신입생 시절부터 문화에 지대한 관심을 가지고 있었다. 나와 다른 사람들이 사는 세상, 그들의 생각과 생활 방식이 나는 무척 궁금했고 알고 싶었다. 나의 다른 문화에 대한 궁금증은 지금까지도 나를 행복하게 만드는 일이다.

문화란 무엇인가?
문화는 하나의 생활양식이다. 우리가 존재하고 생각하고

느끼고 다른 사람들과 관계를 맺는 데서 만들어지는 맥락이다. 함께 있는 한 무리의 사람들을 결속시키는 접착제이며, 그것은 집단적 자아로 공동체 속에서 우리의 행동을 안내해 주는 '청사진'이다.[5]

즉, 문화는 같은 공간, 지역, 사회 등 모든 곳에 깃든 나름의 생활방식이다. 내가 결혼하고 싶었던 이유 중의 하나는 나와 비슷한 사람이 만나 우리만의 즐거운 문화를 만들고 싶다는 강한 열망이었다. 혼자 살면서도 문화는 얼마든지 만들 수 있지만, 내 영역에서 가족들과 함께 만들어 가는 문화는 더 행복하고 삶을 풍요롭게 만들 수 있을 거란 상상이 즐거웠다. 언어를 배울 때 문화는 아주 중요한 역할을 한다. 두 문화 간의 사회적 거리가 클수록 학습자는 어려움을 겪게 되고, 반대로 사회적 거리가 좁을수록 언어 학습 상황은 좋아진다. 문화에 대한 긍정적 태도는 언어 능력을 향상시키기 때문에 문화와 언어 간의 관계는 아주 밀접할 수밖에 없다.

나는 호주에 가기 전에는 서양 문화를 그래도 많이 이해하

---

5  출처: H. Douglas Brown, 1994, 「Teaching by Principles: An Interactive Approach to Language Pedagogy」, San Francisco State University.

고 있다고 생각했지만, 가서 직접 느낀 문화는 내가 알던 문화와는 큰 차이가 있었다. 그들은 집에 신발을 신고 들어가서 소파나 침대에 걸터앉고, 식사 후에는 달콤한 후식을 꼬박꼬박 챙겨 먹었다. 나는 예전에는 달콤한 것들을 별로 좋아하지 않았기에 먹기 싫어도 예의로 하나 먹는 것조차 고역이었다. 하지만 호주에 다녀온 이후로는 호주의 국민 과자 팀탐(TimTam)을 즐겨 찾는 마니아가 되었다.

대중교통은 대체 왜 이리 멀리 있는지, 키가 작은 나는 굽 높은 신발을 신고 20분 이상 매일 걸어 버스 정류장에 갔다. 가면 또 사람들은 왜 이리 없는지. 그리고 막차 시간은 또 왜 이리 빨리 다가오는지. 집으로 돌아오는 길에도 한적한 거리는 늘 콩닥콩닥 바쁜 우리나라에서의 일상과 너무 비교되어 조용하고 한적한 그들의 하루하루가 부러웠다. 대부분 가정을 가진 사람들은 8시 이전에 모두 귀가해 저녁은 가족과 함께 시간을 보냈고 밤 10시면 거의 모두 잠자리에 들었다. 밤 문화는 거의 없는 것처럼 보였는데, 밤에도 늘 사람들로 북적거리고 화려한 우리의 밤 풍경과는 꽤 거리감이 있는 아주 인상적인 환경이었다.

한국에 오는 많은 외국인은 대부분 우리의 밤 문화에 놀라고 매우 즐거워한다. 내가 그들의 한가한 여유로움에 놀랐듯이 그들은 우리의 현란한 밤 문화에 놀라워한다. 경험으로 얻어지는 다름을 이해하는 것은 머리로 이해하는 것보다 훨씬 큰 충격과 깊은 의미로 다가온다.

호주에 잠깐 살고 여행하는 동안 한 가지 신기했던 것이 또 있다. 그들은 처음 본 외국인이어도 눈이 마주치면 미소로 꼭 화답해 주었다. 처음엔 어색하기 그지없었지만, 나중엔 내가 그들에게 먼저 미소를 보여 줄 수 있는 여유도 가지게 되었다.

그러나 나중에 내가 한국으로 돌아와 우리나라 사람들에게 미소를 보여 주었을 때 되돌아온 한국 사람들의 싸늘한 표정은 내가 한국 국민임을 다시 깨닫게 해 주었다. 그렇지만 나는 지금도 아이들에게만큼은 꼭 먼저 웃어 보인다.

내가 처음 호주 홈스테이 집에 도착하자마자 목이 말라 물을 먹고 싶다고 말하니 집주인은 주방의 수도꼭지를 가리키며 마시라고 했다. 한국에서는 냉장고에 늘 있는 것이 물이었는데 수돗물을 마시라니 너무 놀라웠다. 혹시나 하는 마음에 수돗물을 마셔도 되는지 한 번 더 묻고, 마시기 싫었지만 그냥 마셨다. 그 후론 주스와 우유를 주로 마시고 물은

선생님! 말로 하세요

주로 사서 마셨다.

홈스테이 집주인 아주머니와 아저씨는 나에게 여러 가지 설명을 해 주셨다. 그런데 아주머니는 말끝마다 "Pam?", "Pam?"이라고 하며 되레 내게 되물었는데, 나는 도통 그 의미를 알 수 없었다. "Pam?"은 나중에 알고 보니 "Pardon me?"의 사투리였다.

영어 사투리를 듣다니 감회가 새로웠다. 또한, 매일 학교에 가는 내 일과에서 아침마다 식사를 마치고 점심 도시락을 싸는 것은 하루의 중요한 일과였다. 도시락은 주로 샌드위치를 많이 싸서 갔다. 어느 날 아침, 식탁 위에 이상한 모양의 달걀 그릇이 하나 있었는데 그 안에 삶은 달걀이 하나 들어 있었다. 이게 뭘까? 곰곰이 생각해 보다 나는 달걀을 꺼내 우리 방식대로 깨뜨려 먹었다.

내 모습을 본 홈스테이 아저씨는 친절하게 나이프를 들고 달걀의 맨 윗부분을 잘라 작은 숟가락으로 떠먹으며 이렇게 먹는 것이라고 설명해 주셨다. 그리고 달걀이 담긴 작은 그릇은 '에그 포트(egg pot)'라고 부른다고 가르쳐 주었다. 깨뜨려 먹으면 완벽하게 다 먹을 텐데 굳이 위를 잘라 숟가락으로 떠먹을 필요가 있나 싶었지만, 로마에선 로마법을 따르는

게 나으니 다음부턴 나도 그렇게 했다.

집 안에서는 운동화만 신고 다녔는데 그런 습관이 없었던 나는 굉장히 불편했다. 일주일 정도 지나자 얼른 시장에서 슬리퍼를 사서 신었다. 예전부터 서양인들은 물론 호주 사람들도 마찬가지로 실내에서 생활할 때는 신발을 신고 생활한다는 사실은 알고 있었다. 하지만 정작 내가 그렇게 하자니 너무 불편하고 싫었다.

3월 초가 지나고, '이스터 데이(Ester day)'라는 부활절 행사 기간이 되었다. 우리나라에서는 삶은 달걀로 그 의미를 되새기는데, 호주에선 달걀 모양의 초콜릿을 집 안 구석구석에 숨겨놓고 찾는 놀이를 하며 부활절을 즐겼다. 처음 봤을 때는 그 달걀 모양의 초콜릿이 속이 꽉 찬 초콜릿인 줄 알고 놀랐지만, 실은 속은 텅 비었고 모양만 달걀 모양으로 살짝 본뜬 초콜릿인 걸 알고 실망하기도 했다.

어느 주말에 홈스테이 아주머니와 아저씨의 목장에 방문할 기회가 있었다. 농장은 차로 2시간 남짓 떨어진 곳이었는데 가면서 사과를 먹었다. 다 먹고 남은 사과 가운데 부분을 보이며 어디에다 버릴지 물어보자 그들은 창밖으로 던지라고 했다. 나는 그 말에 잠시 주춤했다. 휴지통에 버리거나

차 안에 있는 휴지에 싸서 버리려고 했는데 창밖으로 던지란다. 밖을 보니 농장 비슷한 풀숲이 많이 보이긴 했다. 망설임 없이 창밖으로 던졌다.

그날 저녁에는 농장 구경을 하고 저녁 식사를 마친 후 산책을 했다. 그렇게 많은 별을 본 것은 처음이었다. 아름다운 밤이었다. 다음 날 아침에는 짹짹거리는 새 소리가 시끄러워 잠을 깼는데, 그런 경험도 처음이었다. 신기했다. 새 소리에 잠이 깨다니. 그 후로 다시 그 농장에 갈 기회는 없었지만, 아직도 그날 저녁의 밤하늘이 너무 눈이 부셨다는 것만은 또렷하게 기억난다.

나는 호주 가톨릭 대학의 ELS 코스로 영어 연수를 신청했는데, 거기서 지도하는 선생님들은 호주의 다문화를 '멜팅 포트(melting pot)'[6]에 비유하며 자랑스러워했다. 호주는 다인종 국가로, 서로를 이해하고 또 다른 많은 이를 받아들일 준비가 되어 있는 나라였다. 다른 외국인에 대해 긍정적이고 호의적인 사람들이 가득한 나라였다. 호주는 원래 백호주의(白濠主義)[7]로, 한때는 백인들만 이민을 갈 수 있는 나라였지만

---

6 멜팅 포트(melting pot): 용광로, 여러 인종이나 문화, 민족 등이 융합한 도시나 지역을 뜻하기도 한다.
7 백호주의(白濠主義): 백인만의 호주를 주장하여 백인 이외의 인종, 특히 아시아인의 이민을 배척하였던 호주의 인종 차별주의를 말한다.

내가 갔을 때는 이미 백호주의는 사라지고 전 세계 많은 나라에서 이민을 선택해서 오는 나라가 되었다. 내가 갔던 홈스테이의 집 주인 내외분들도 독일에서 이민 온 것이었고, 내가 파트타임으로 일하던 카페는 이탈리아 이민자가 운영하는 카페였다. 나는 한 달 동안의 홈스테이를 마치고 독립한 후, 동네의 이탈리안 카페에서 주말마다 일할 수 있는 기회를 얻었다. 내가 아는 학생들은 주로 일본이나 중국 식당에서 적은 돈을 받으며 일했지만, 나는 그곳에서 일하는 호주인들과 같은 급여를 받고 일했다. 조건이 너무 좋았다. 커피를 내리고 주문을 받는 건 그들의 일이었고 나는 테이블 위를 치우고 그릇을 설거지통에 정리하고 꺼내는 일과 주문 음식을 서빙하는 일을 주로 했다. 처음엔 파트타임으로 일하는 동료가 나에게 인사하는 데 짧은 말로 뭐라고 하는지 도대체 알아들을 수 없었다. 한참 지나고서야 그게 "Hi."라는 걸 알았다. 그 사람들이 나를 배려해서 말을 또박또박 해줄 거라는 착각을 하면 안 된다고 생각했다. 그런 일은 여행자가 물건을 구입하거나 그들이 아쉬울 때뿐일 것이다. 만약 내가 정 못 알아듣겠다면 아예 그들에게 천천히 이야기해 달라고 요구하면 된다.

선생님! 말로 하세요

6개월이 지나 능숙하게 주문을 받게 되었을 때는 그곳을 그만두는 것이 아쉬웠다. 카페는 커피와 함께 고객의 마음에 드는 채소, 과일, 소시지, 햄을 골라 주문을 받고 이를 샌드위치로 만들어 손님에게 내주었는데, 그곳에서 먹었던 샌드위치는 아직도 너무 그리운 맛이다. 나중에 기회가 된다면 꼭 한 번 다시 그곳에 가서 여유 있게 브런치를 즐기고 싶다.

나는 주로 주말에 일했는데, 그 카페에는 토요일 아침이면 브런치를 먹으러 오는 사람들이 많았다. 개를 데리고 커피 한 잔을 마시며 샌드위치를 들고 신문을 보며 여유로운 아침을 만끽하는 그들의 모습은 너무 평화롭고 부러운 한 장면으로 나의 뇌리에 박혀 있다. 우리나라에도 지난 몇 년 사이에 그러한 카페나 브런치 식당들이 늘어났는데, 이는 그때의 추억으로 나를 설레게 한다. 카페에서 파는 커피 중에는 '스키니 라떼(skinny latte)'라는 커피가 있었는데, 이름이 재미있어 금방 눈에 띄는 메뉴였다. 우리나라에도 있을 법한 메뉴인데 아직은 없는 걸 보면 우리나라에는 아직은 날씬한 사람들이 많아서인 것 같기도 하다.

멜버른 시가지는 정사각형 모양으로, 주요 건물들과 상점들이 많이 있고 도시 입구 쪽에는 빅토리아 마켓이라는 시장이 있다. 이 빅토리아 마켓은 홈스테이 당시 내가 가장 잘 이용했던 오픈 마켓이다. 싱싱한 물건과 싼 가격은 호주인뿐만 아니라 여행객과 자취생들도 유혹했다.

멜번의 야라강 쪽에는 예쁜 카페들이 있었는데, 이곳에서 차를 마시며 여유를 만끽하는 사람들은 늘 평화로워 보였다.

B

## 02 호주에서의 나의 영어 공부

영어 생활권에서 어학연수를 꼭 하고 싶었던 나는 1999년도에 워킹 홀리데이(working holiday) 비자를 받아 어렵지 않게 호주에 가게 되었다. 한국인이 드문 곳을 찾아 멜버른이라는 도시를 선택했다. 시드니에서 멜버른으로 가는 비행기를 갈아타고 1시간 반 이상을 날아 목적지인 멜버른에 도착했다. 그런데 나를 마중 나온 사람이 아무도 없었다. 상황 파악을 위해 서울 지사에 전화했더니 담당자는 점심을 먹으러 나간 상황이었다. 이를 어째…. 당황했지만 늦은 시간도 아니었기에 공항에서 무작정 기다렸다. 조금 더 기다리다 서울과도 연락이 되지 않자 나는 내가 다닐 학교에 전화해서 상황을 설명했다. 그 뒤로도 2시간 넘게 공항에서 기다리다 학교 담당자의 말대로 택시를 타고 학교로 갔다. 처음 겪는 황당한 사건에 화도 많이 났지만, 어쩔 수 없었다. 다행히 학교에서 홈스테이 집주인 아저씨를 만날 수 있었다. 상황을 말씀드렸더니 도착 시각을 잘못 알고 있었다고 하시며 무척이나 미안해하셨다.

멜버른 중앙에는 여러 상점과 건물들이 밀집한 도시가 있고 외곽 쪽으로는 주거 주택이 있었는데, 나는 그곳에서 한 달을 지냈다.

처음 간 학교에서 레벨 테스트를 받고 교실을 안내받았다. 교실에는 나를 포함해 세 사람의 한국 학생이 있었다. 10명 남짓 되는 한 반의 학생 중 30%가 한국 학생이었다.

수업은 요일별로 다른 선생님들과 다른 내용으로 진행되었는데 나에게는 재미있는 경험이었다.

시험을 보는데, 처음엔 하고 싶은 말을 모조리 영어로 쓰고 말해도 알아서 고쳐 주겠거니 싶어 어법을 신경 쓰지 않고 생각나고 입에서 나오는 대로 말했다. 그런데 시험은 아는 것을 정확히 써야 좋은 점수를 받을 수 있다는 것을 나중에서야 알게 되었다. 그렇게 몇 번의 시험을 경험하면서 그다음부터는 어법에 맞는 말을 하고 쓰면서 신경을 쓰니 점수를 잘 받게 되었다. 영어를 공부하러 왔어도 시험은 잘 보아야 한다. 그 후로는 생각하며 문장을 쓰고 말하는 습관을 들였다. 내가 호주에서 공부하며 느낀 것이 있다. 나는 그 나라 사람이 아니니 영어를 잘하지 못하는 건 당연하다. 그리고 그런 생각으로 열심히 마음껏 말하면서 영어 말하기에 대한 소심함을 스스로 극복하는 것이 영어를 배우는 데 제일 좋은 방법이었다. 나는 그렇게 했다. 이것은 정말 좋은 방법이었다.

처음 며칠 동안은 수업 후 집에 돌아오면 공부한답시고 방문을 닫고 혼자 있었는데 나중에 알고 보니 그건 홈스테이 집주인 내외분에게 큰 실례를 범하는 것이었다. 호주 사람들은 무엇이든지 말하고 함께 공유하는 것을 굉장히 즐긴다. 나중에 알았지만, 그들은 예전에 왔던 일본 학생들도 주로 방에만 있었다면서 동양에서 온 학생들이 그렇게 방에만 있는 것을 의아해하고 있었다. 방안에서의 공부는 한국에서

했던 것만으로도 충분하다. 일단 거주민과 어울리는 것이 최고의 영어 공부법이다.

나는 호주에 온 것이 내게 너무 소중한 시간이 될 거라는 것을 알고 있었다. 그래서 호주에서의 하루하루는 너무 소중했고, 한 시간, 한 시간이 애틋했다. 그래서 매일 일기를 쓰고 오후 자습시간에는 선생님께 일기를 검사받았다. 그것이 내게는 큰 소득이었다. 선생님들은 저마다 각자의 개성이 또렷했는데, 자기 아이들을 키우시면서 인도 아이를 입양해 키우시는 선생님, 이혼하고 혼자서 딸아이를 열심히 키우시며 말끝마다 칭찬과 감탄 일색이시던 선생님, 배우 생활을 하며 영어를 지도하는 선생님, 그리고 아일랜드 출신으로 열정적으로 영어를 지도하시는 선생님이 계셨다. 아일랜드 선생님은 학생들에게 과제를 나눠주고 질문이 있으면 바로 옆에 무릎을 꿇고 학생들이 이해할 때까지 설명을 해 주시며 열심히 지도해 주셨다. 나는 그때마다 그 선생님이 경이롭고 존경스러웠다.

그 모습은 나에게 나도 그런 선생님이 되어야겠다는 강렬한 인상을 남겨 주었다. 그리고 지금까지도 내게 진한 울림으로 감동을 전해주고 있다.

선생님! 말로 하세요

각 선생님의 과제와 수요일마나 하게 되는 문화 체험 같은 외부 활동 덕분에 학교 생활을 하면서 나는 늘 바쁘게 움직였다. 그렇게 3개월쯤 지나자 광고의 내용들이 귀에 쏙쏙 들어왔다. 이렇게 귀가 트이는구나 싶어 기뻤는데 이제는 무자비로 들어오는 단어들의 뜻이 문제였다. '말은 들리는데, 이게 뜻이 뭐더라?'라는 문제가 시작되었다. 그래도 어쨌든 귀가 트이니 한결 마음이 편했는데, 문득 혼자 남겨진 집에 있다가 엄마가 너무 보고 싶었다. 그냥 엄마 얼굴만 한번 보고 싶었다. 그래서 집에 전화를 했는데, 오랜만에 엄마의 목소리를 들었더니 스물아홉이라는 나이답지 않게 전화통을 붙잡고 엉엉 울게 되었다. 또 하루가 지나고, 며칠이 지나니 살 만해졌다.

그렇게 나는 6개월의 어학 코스를 마치고 시드니와 골드 코스트 여행을 준비했다. 시드니는 서울처럼 바쁘고 번화한 도시였다. 서울과 비슷하지만 여러 인종이 섞여 있는 도시, 바쁘지만 그들 나름의 여유 속에서 돌아가는 도시처럼 보였다. 시드니까지는 비행기를 타고 갔는데 올 때도 그랬지만 나이든 스튜어디어스들이 서빙하는 모습이 우리와는 너무도 달랐다. 시드니에서 며칠 지낸 후 유명한 골드 코스트가 있는 브리즈번으로 버스를 타고 가게 되었는데, 장장 16시간이 걸리는 여정이었다. 여정이 긴 탓에 버스 안에는 화장실도 갖춰져 있었다. 버스를 타고 이동하는 16시간은 정말 지루하고 힘들었다. 밤새 자면서 가면 될 거라고 생각했는데, 앉아서 자는 건 정말 불편한 일이었다. 25세 이하가 아니라면 결코 권해주고 싶지 않다. 9월의 브리즈번은 멜버른보다 따뜻했다. 멜버른에서 가을, 겨울을 보내며 추위로 고생했던 나는 브리즈번의 따뜻함이 한없이 푸근했다. 오랜만에 만난 친구와 시내를 돌아다니며 공원에서 쉬는데, 공원에 바비큐 구이를 할 수 있는 철관이 있다는 것에 또 한 번 놀랐다. 공원에서 바비큐 구이를 할 수 있다니…. 호주에서 지냈던 몇 개월은 내게 그 무엇과도 바꿀 수 없는 소중한 경험이었고, 세계 속의 나를 발견하고 우리나라와 세계를 객관적으로 볼 수 있도록 해 준 귀한 시간이었다. 나는 지금도 학생들에게 지금부터 용돈을 모으고 약간의 부족분은 부모님께 도움을 요청해서라도 세계여행 다녀올 것을 권한다. 여행은 세상을 보는 눈을 만들고, 삶에 대한 깊은 이해는 자신을 성장시켜 준다. 호주에 다녀온 이후 나는 여러 나라를 둘러보고 싶은 열망이 생겼다. 여행은 여전히 나의 삶의 쉼과 피로 해소제다.

선생님! 말로 하세요

세계 80여 개가 넘는 나라에서 사용히는 영어를 자유롭게 쓸 수 있게 되면 내가 즐길 수 있는 문화권이 전 세계로 확대된다.

영어 하나로 국적이 다른 사람들과 소통하고 친구가 될 수 있고, 영어 하나로 다른 나라의 문화를 이해하고 우리나라를 알릴 수 있다. 영어 하나로 자유롭게 여행할 수 있고, 그 경험은 내 삶을 무엇보다 더 풍요롭게 채울 수 있다.[8]

---

8  출처: 김민식, 2017, 『영어책 한 권 외워봤니?』, 서울: 위즈덤하우스.

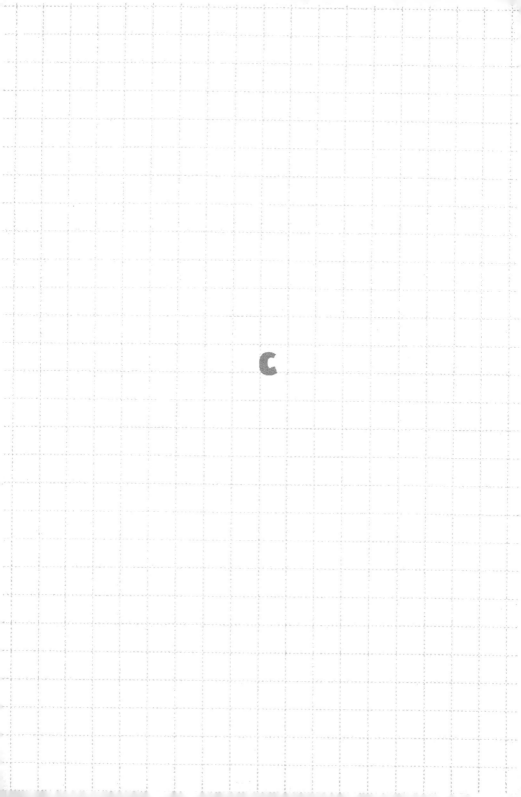

## 03 문화 시민으로서의 행동 양식

　나는 아이들을 지도하면서 '우리가 수업하는 광경을 다른 나라 사람들이 지켜본다면 어떻게 생각할까?'라는 생각을 가끔 해 본다. 첫 시간부터 시간마다 'Respect'나 'Polite'를 얘기하고 외쳐 보지만, 실제로 아이들이 이것을 몸으로 느끼는 것 같지는 않다. 영어 수업 시간에는 비디오로 대화 화면을 많이 시청한다. 그럴 때면 진지하게 보고 들었던 대화를 생각해 보고 수업에 집중해야 하는데, 그 배경 화면이나 캐릭

터의 움직임에만 관심을 두고 꼭 몇 마디씩 하는 아이들이 있다.

뛰는 것을 좋아하는 사람처럼 중간중간 필요 없는 얘기로 수업의 흐름을 깨는 철부지들이 가끔 있다. 재미있는 것을 보며 친구들과 공유하고 싶은 마음은 이해가 가지만, 이 시간은 다른 시간이 아니고 수업 시간이다. 다른 친구들을 배려하며 진지하게 수업에 임해야 하는데 이 말, 저 말 받아치면서 얘기하는 걸 보면 참 마음이 착잡하다. 이런 아이들은 원어민 교사가 있으면 보란 듯이 더 떠들기도 한다. 자기에 대한 관심을 바라는 마음 반, 원어민 선생님의 반응을 보고 싶은 마음 반으로 그렇게 행동하는 것 같다.

처음 원어민 교사들은 대부분 그런 아이들의 행동을 이해하지 못한다. 아이들이 수업시간에 떠드는 것에 원어민 교사가 좀처럼 적응하지 못하는 것 같아서 안쓰럽다. 교사의 권위가 없는 것도 문제지만, 나는 정작 가정에서 아이들에게 다른 사람에 대한 배려와 이해 그리고 공공장소에서 지켜야 할 기본 예의를 지도하는 것이 부족해서 벌어지는 일이라고도 생각한다. 나도 우리 아이를 키우면서 아이에게 공공 예의에 대해 깊이 있게 가르쳐 본 기억이 없다. 가르치긴 해도 금방 물드는 상황이 많이 있으니, 나만 엄격히 가르치는 게 그다지 효과적이지 않은 것이다. 우리 모두 공공 예의를 지켜야 하는데, 정작 우리는 그런 것을 제대로 생각해 보고 행동으로 옮기지 않았다. 졸업식 같은 중요한 행사에서도 학생들은 낄낄대며 웃고 서로 떠든다. 교사 역시 의례 그러려니 생각하고, 심하지 않으면 교사는 개입하지 않는다. 너무 과하다 싶으면 교사가 개입하는데, 개입이라고 해 봤자 10초 만에 끝나고 만다. 그런데 원어민 선생님에게서 졸업식에 관한 이야기를 들었을 때는 꽤 놀랐다. 그녀는 졸업식에서 애들이 이렇게 떠드는 걸 처음 봤다고 했다. 미국은 엄숙하고 진지하게 졸업식을 진행한다고 하면서 굉장히 놀라는 눈치였다. 나는 창피했지만 놀라기도 했다. 아하, 문화 차이가 이런 거구나. 다른 사람에게 피해 주지 않고 서로 간의 예절을 잘 지키는 문화에 왜 아직도 우리는 문외한일 수밖에 없을까? 왜 안 될까? 단일민족이라서? 다 정 깊은 가족 같아서? 너무 깍듯하면 실례라서? 우리도 이제는 공공장소에서의 예의는 기본이고 스스로의 행동 양식을 생각해 보고 노력해서 지킬 수 있는 시민 의식이 널리 퍼지길 바란다. 산업화 때문에 잃어버린 삶의 많은 행동 양식을 하나하나 발현시키도록 우리 모두 관심을 가져야 한다. 나 스스로도 많이 반성해 보고 우리가 함께 더불어 사는 세계 시민이 될 수 있도록 노력하고자 한다.

선생님! 말로 하세요

chapter 5

# 영어의 역사 이야기

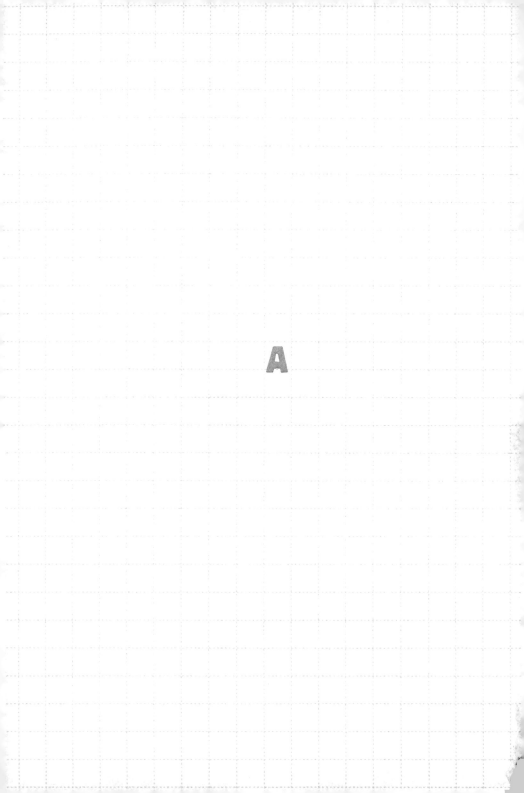

A

# 01 영어의 시작과 역사

영어 수업을 오랫동안 지도하면서 아이들에게 공통으로 받은 질문이 하나 있다.

"선생님. 영어는 도대체 누가 만든 거예요?"라는 사소한 질문인데, 이 질문을 몇 번 받다 보니 아이들에게 알려 주어야 겠다는 생각이 들어 여기서 짚고 넘어가고자 한다.

원래 영국 땅에는 켈트족이 살고 있었다. 켈트족은 게르만족을 비롯한 이민족으로부터의 잦은 침략 탓에 로마에 도움을 청하여 로마의 지배를 받게 되었다. 그 시대를 로마·브리튼 시대라고 한다(43~410년).

이 시기의 상류층이자 부유층인 도시 거주자들은 로마가 사용하던 라틴어를 사용했으며 원주민의 대부분은 켈트어를 사용했다.

410년, 5세기가 시작되면서 로마는 동부와 북부지역으로부터 유민의 이민과 침입을 받게 되고 자국 내부의 여러 문제로 인해 영국 땅으로부터 철수하게 되었다(410년).

그러자 켈트족은 아이러니하게도 유럽의 게르만족에게 원조를 요청했고, 그 결과 게르만족이 449년에 영국으로 이동하게 된다. 애초에 게르만족은 유럽에서는 앵글로족이라고 불렸고 영국의 켈트인들은 색슨족이라고 불렸다.

여하튼 영국에 온 게르만족(앵글로색슨족)은 영국의 비옥한 토지에 매료되었고, 켈트족의 무방비 상태를 이용해 그들과 싸워 영국에 정착하게 되었다. 그 후 영국의 주인이 되어 지금까지 이어져 오고 있으며 그들의 언어인 영어는 명실상부한 국제어로 세계의 중심어가 되었다.

영어는 고대 로마어인 라틴어에서 영향을 받은 말들이 많다. 597년, 영국이 기독교로 개종하면서 교회와 수도원이 세

워졌고, 교리는 물론 고전어(Greek, Latin)를 기르치고 문학과 기초 학문을 연구하면서 교회와 수도원이 학문의 구심점이 되었다. 그러면서 기독교의 모든 의식에 쓰이는 라틴어가 활용되었다. 고대 영어는 11세기 초까지 이어졌는데, 하나의 통일된 표준어가 아니라 지역마다 방언대를 형성했다.

1066년 노르만인의 영국 정복으로 영어는 또 한 번 외래어의 강력한 영향을 받게 된다.

그것은 9세기경 북유럽의 데인족들이 프랑스 북부 해안을 자주 약탈했기 때문인데, 프랑스왕은 이들을 회유하기 위해 프랑스 북부에 살던 바이킹의 후예인 노르만인들에게 땅을 주고 그들의 족장을 노르망디공으로 임명했다. 이후 노르만인들은 기독교에 귀의하고 프랑스 중앙의 문화와 언어를 적극적으로 받아들였다. 그러나 그들이 사용한 프랑스어는 파리 중심의 중부 프랑스어와는 구별되는 지역 방언인 노르만 프랑스어였다.[9] 노르망디는 영국과 인접해 있어 양자 간에는 빈번한 왕래가 있었다.

심지어 노르망디공의 딸이 영국의 왕비가 되고 그녀의 아들이 후손 없이 죽게 되자 제7대 노르망디 공작인 윌리엄공

---

9　출처: 이동국, 손창용, 2012, 『영어의 역사』, 서울: 한국방송통신대학교출판부.

(William I, 1028~1087년)이 영국의 왕위 계승권을 주장하며 영국을 침공하게 된다.

윌리엄은 영국 왕위를 찬탈하고 영국을 통치했다. 노르만에 정복당한 영국은 정치, 종교, 경제, 문화적으로 지배를 받게 되고 200년 동안 프랑스어가 영국의 공용어가 되어 궁정, 의회, 법정, 학교 등에서 공용어로 사용되었다. 이 시기의 프랑스어를 앵글로 프랑스어(Anglo-French)라고도 부른다. 사실 지금도 정치나 경제, 문화·예술 부문에서는 프랑스에서 온 영어 단어들이 수준 높은 어휘를 구사할 때 주로 쓰인다.

앵글로 프랑스어는 노르만 프랑스어를 모태로 하여 파리 프랑스어(Central French)의 영향을 받게 된다. 노르만 정복 이후 프랑스어가 우세해 지면서 영어에 지대한 영향을 미치게 된 계기가 되었다. 영국의 귀족들이 대부분 프랑스어를 사용하게 되면서 영어는 대다수 평민이 사용하는 언어가 되었다. 14세기 중반까지도 프랑스어는 영국의 공식어로 사용되다가 흑사병의 창궐과 프랑스와 영국 간의 백년 전쟁(1337~1453년)으로 영어가 다시 영국의 언어로 돌아오게 되었다.

흑사병으로 인해 부족해진 노동력을 대신했던 농민들이 도시의 중산층이 되고 시골의 소작농 역시 임금이 오르면서

선생님! 말로 하세요

지위가 상승하자 그들이 사용하던 영어가 중시된 것이다.

프랑스와의 백년 전쟁에서 패배한 영국은 프랑스에 가지고 있던 영국 보유지를 잃게 되었고, 그로 인해 영국인은 프랑스어를 배우고 사용할 이유가 없어지게 되었다.

이 시기의 중세 영어 역시 통일성이 없는 소수 방언으로 사용되었다.

1450년 독일의 구텐베르크(Johannes Gutenberg, 1397~1468년)가 발명한 인쇄술을 영국인 캑스턴(William Caxton, 1422~1491년)이 배우게 되었는데, 이로 인해 인쇄술을 통한 서적의 배급으로 런던 영어의 배급이 촉진되었을 뿐만 아니라 영어가 통일성을 가지게 되고 철자도 고정되어 영어 표준화의 시작이 되었다.

1500~1650년까지 영국의 문예 부흥(English Renaissance) 시기에는 종교개혁과 함께 영어 성서가 보급되고, 셰익스피어와 같은 작가들의 문학 작품의 보급과 사전, 영어 문법서가 등장하게 되었다. 그리고 싼 가격으로 구입할 수 있는 책의 보급으로 문맹률이 낮아지고 그로 인해 높아진 교육열은 영어의 표준화를 가속시켰다.

또한, 영국은 1500년대 말에 스페인 무적함대를 패배시키면서 막강한 해군력을 가지고 시작한 해외 탐험과 식민지화는 영어를 전 세계로 퍼뜨리고 사용하게 했다. 오늘날 영어가 지구상에서 가장 폭넓게 사용되는 언어로 자리매김하는 기틀을 마련해 주었다.[10]

17세기 초인 1607년, 이주민 집단이 미국에 영구적으로 정착하게 되고 이어 1620년에는 메이플라워(Mayflower)호를 타고 플리머스에 정착하게 된 이주민들로부터 미국 영어의 역사가 시작되었다. 미국 사회가 기틀을 잡아가면서 영국 영어와 어법과 표현에서 차이가 나타나기 시작했다.

이러한 과정에서 생소한 낱말이나 구문이 생겨나게 되어 영국 영어와 구별되는 미국 영어만의 구체적인 특징이 형성된다. 이를 미국식 어법(Americanism)이라고 하며 18세기 후반부터 활발하게 논의되기 시작했다.[11] 미국은 영국을 비롯한 유럽의 여러 나라에서 온 이민자들의 나라답게 외래어로부터 차용한 낱말들도 많았고 처음 보는 동식물의 이름을 부르기 위해 불가피하게 외래어의 단어를 빌려와 사용했다.

1776년에는 미국의 식민정책에 반대하는 많은 영국 사람

---

10  출처: 김명숙, 김준환 외 공저, 2006, 『영어의 역사』, 서울: 형설출판사.
11  출처: 이동국, 손창용, 2012, 『영어의 역사』, 서울: 한국방송통신대학교출판부.

이 캐나다로 이주하면서 캐나다의 영어 사용량이 증가하게 되었다. 1770년에는 영국 해군 선장 제임스 쿡(James cook, 1728~1779년)이 오스트레일리아를 발견하게 되어 영국령으로 귀속시켰다. 미국이 영국으로부터 독립하면서 영국 내의 많은 죄수를 수용하는 데 부담을 느낀 영국은 이 해결책으로 오스트레일리아에 죄수를 보내게 되었다.

1793년부터 영국의 이민자가 늘게 되고 양모 산업의 발전과 금과 구리가 발견되면서 부를 찾아오는 사람들이 많아지자 대도시들이 건설되었다. 그리고 1901년 1월 1일 오스트레일리아가 영국의 연방 국가로 탄생하게 되었다. 뉴질랜드 역시 쿡 선장에 의해 영국 땅으로 공식화되었으며 영국과 오스트레일리아로부터 이민이 시작되었다. 이외에도 싱가포르나 필리핀, 인도가 대표적인 ESL(English as a second language) 상황의 나라이며 이외에도 현재도 영어를 상용화하여 쓰는 나라가 많다. 식민지화부터 시작해 지금까지 영어를 사용하는 나라들은 사회, 경제, 문화 부분에서 압도적인 역할을 해 오고 있다. 우리나라의 역량과 발전으로 우리가 영어를 사용하는 나라로 세계인들이 인식하는 날이 곧 올 것이다.

B

## 02 우리나라 영어의 시작

우리나라 영어 교육은 구한말 역관 양성부터 시작해 지금까지 약 120년 정도의 역사를 가진다.

1882년 한미통상조약이 체결되어 통역관이 필요했던 정부는 1883년에 대한민국 최초의 영어 교육기관인 '동문학'을 설립했다. 동문학은 원어민이 직접 지도하는 교육 기관이었으나 3년 정도 운영하고 1886년에 폐지되었다.

그 후 육영공원에서 영어를 포함한 다른 교과목도 가르치게 되었으나 양반 자제만을 선발하여 귀족 학교의 성격이 강했던 육영공원은 1894년에 폐지되었다. 육영공원의 학생들은 '영어 학교'로 계승되어 관립 일본어 학교와 통합되었다.

선교사 아펜젤러(Appenzeller, 1858~1902년)가 1885년 설립한 사립학교인 배재학당을 시작으로, 국권 침탈 전까지 이화학당, 정신여학교 등의 수많은 기독교계 사립학교가 세워졌다.

이렇게 우리나라의 영어 교육은 관 주도형과 미국 선교사들 중심의 선교사 주도형이라는 두 갈래를 통해 발전했다.

관 주도형 학교는 정치적으로 극심한 변화와 근대식 학교에 대한 경험 부족, 입학 자격 제한 그리고 오로지 역관 양성의 목표에만 치중하는 등의 사유로 인해 영속성을 가지고 발전할 수 없었다.

반면, 선교사 주도형 학교들은 입학 자격의 개방화와 근대식 학교를 운영할 수 있는 능력을 갖춘 서양인들이 종교적 희생정신을 가지고 지속적으로 발전시켜 한국 근대 영어 교육의 토대를 마련할 수 있었다. 영어 교육의 태동기를 넘긴 조선은 일제 식민지가 되어 일본어만 강조하던 시기가 되자 영어와 한국어가 암흑기를 맞이하게 되었다. 그런 연유로 초기 영어 교육은 중단되었다. 이후 1945년 광복과 함께 미군

이 들어오면서 영어 교육이 재개되었고, 미국의 원조로 교과
서를 출판하게 되었다. 그 후 여러 가지 교육과정의 변화와
함께 영어는 주요 과목으로 자리매김해 왔다. 그러나 여전히
읽고 이해하기 위주의 영어에서 벗어나지 못하고 과거의 전
철을 일관되게 답습해 오고 있다.

# 03 앞으로의 영어 교육

영어가 모국어인 나라들은 정치, 경제적으로 영향력이 있는 나라들이다. 그러다 보니 많은 비모국어 화자들이 영어를 배우고 싶어 한다. 영어는 앞으로도 'lingua franca(국제어)'로서 지배적인 위치에 서게 될 것이다.

영어를 외국어로 사용하는 나라 중 가장 영어 실력이 뛰어난 나라는 언제 어떻게 조사해도 그 순위가 대략 정해져 있다. 대개 네덜란드 아니면 덴마크나 스웨덴, 그도 아니면 노르웨이나 핀란드다. 다시 말해서 국제 영어 능력을 알아보자면 영어를 잘하는 나라 1위는 네덜란드, 2위는 덴마크, 3위는 스웨덴 아니면 노르웨이나 핀란드가 돌아가며 차지한다. 물론 이는 그 국가들이 역사적으로 영어와 사실상 밀접한 관계를 지니고 있기 때문이기도 하다.

이렇듯 온 세상은 영어가 지배하고 있다. 영국의 세계 식민지화를 시작으로 영어가 곳곳에 뿌리를 내리게 되었고 미국의 발전으로 영어는 명실상부한 국제어의 면모를 갖추게 되었다.

이제는 서로의 모국어가 존재함에도 불구하고 우리는 영어로 소통할 수 있게 되었다. 그리고 앞으로 최소 한 세대 이상 그렇게 이어져 나갈 것이라 확신한다. 동방의 작은 나라, 한국이 야무지게 21세기를 이끌어 나가려면 우리에게 영어는 필수다. 심지어 북한에서도 영어를 잘하기 위해서 여러 가지로 노력한다고 들었다. 이런 상황에서, 언제까지 우리가 영어를 읽는 영어만 활용할 것인지 진지하게 생각해 보아야 한다. 말하지 않는 영어는 언어가 아니다. 기호일 뿐이다. 나라에서는 원어민 교사 수급을 위해 노력한다는데, 그보다는 역량 있는 우리나라 영어 교사를 영어 교육 현장에 투입하고 수준별 말하기를 실행하게 될 때 원어민이 비로소 필요하게 될 것이라고 생각한다. 정말 영어 말하기 교육에 하나도 신경 쓰지 않으면서 왜 우리가 원어민에게 먼저 우리의 세금을 물 쓰듯이 쓰면서 가져다 바쳐야 하는지 너무 답답하다.

한류는 우리의 자랑스러운 문화 흐름이다. 내가 외국 음식들을 여기저기서 조금씩 접하면서 느낀 것은 정말 맛깔스러운 우리의 음식을 외국에 소개해 보고 싶다는 것이었다. 그걸 너무나 깊이 느꼈다. 지금 한참 방송 중인 예능 프로그램으로 '윤식당'이라는 프로그램이 있다. '윤식당'은 한국의 방송인들이 한국 음식을 파는 음식점을 외국에서 잠깐 동안 개업해서 도전해 보는 프로그램으로, 물론 주제는 쉼과 여유지만 거기에 나오는 방송의 내용이 우리에게도 익숙하고 아주 맛있는 음식을 외국인들에게 가장 친근한 방법으로 선보이는 방송이라 문화에 관심이 많은 나는 무척 즐겨 봤다. 경제가 발전하면 할수록 사람들의 눈과 입도 고급스러워지기 마련이다. 모름지기 김구 선생님은 가장 부강한 나라가 되는 것보다 우리나라가 세계에서 가장 아름다운 나라가 되기를 원한다고 하셨고 우리나라가 침략을 당해 아파 봤으니 남을 침략하는 것도 원치 않으셨다. 부력(富力)은 우리의 생활을 풍

족히 할 만하고, 우리의 강력(强力)은 남의 침략을 막을 만하면 족하다고 하셨다. 그리하여 오직 한없이 가지고 싶은 것은 높은 문화의 힘이라 하셨고 문화의 힘은 우리 자신을 행복하게 하고, 나아가서 남에게 행복을 주기 때문이라고 하셨다.

이제는 문화의 힘이 경제의 힘만큼 막강한 힘이 되는 시대다. 우리의 자랑스러운 여러 문화를 세계 속에 알리고 또한 세계 경제의 변방이 아닌 중심이 될 수 있도록 말하기 중심의 영어 교육이 시작되어야 한다. 그리고 그 속에서 우리의 다음 세대들이 그들의 역량을 발휘하도록 전폭적으로 도와야 한다.

선생님! 말로 하세요

D

# 참고 도서

📖 H. Douglas Brown, 1994, 「Teaching by Principles: An Interactive Approach to Language Pedagogy」, San Francisco State University.

📖 khan academy, 'How to improve'.


📖 김명숙, 김준화 외 공저, 2006, 『영어의 역사』, 서울: 형설출판사.

📖 김민식, 2017, 『영어책 한 권 외워봤니?』, 서울: 위즈덤하우스.

📖 박선영, "[영어의 몰락] 저무는 영어 권력, 길 잃은 영어 교육", 「한국일보」, 2017. 8. 26일자 기사.

📖 여성가족부, 2015, 청소년 핵심역량 국제비교.

📖 이동국, 손창용, 2012, 『영어의 역사』, 서울: 한국방송통신대학교 출판부.

📖 정지선, 2007, 「우리나라 영어 교육의 역사와 그 시사」, 서울: 홍익대학교 교육대학원 석사 학위 논문.